夫婦・パートナー関係も
それでいい。

この本を読んでくださる方へ

水島広子

細川貂々《てんてん》さんとの「それでいい。シリーズ」、第三弾の本書は「パートナー関係」となりましたが、刊行に際して一番心配したのは、「自分にはパートナーがいないと思っている人を、遠ざけてしまわないだろうか」ということでした。

自分のありのままを受け入れる『それでいい。』、他人のありのままも受け入れる『やっぱり、それでいい。』と読み進めてきてくださった方は大丈夫かもしれないけれども、「パートナー」という言葉はすごく刺激的です。精神科医として、あるいはいろいろな立場で、多くの人と接する中、「自分にはパートナーがいない」と寂しく感じている方が少なくないのを知っている私は、本書が誤解されることをとても心配したのでした。

もちろん、そういう意味合いは全くありません。

私は対人関係療法を専門としており、「頼れば支えてくれる人」の存在がどれほど人の心の健康を左右するかを知っています。一見すると、「頼れば支えてくれる人がいる」イコール「特定のパートナーがいる」と思えるかもしれませんが、実際に治療に関わっていると、そういう単純な話ではないことがよくわかります。

特定のパートナーはいるけれども、その関係性がむしろ悩みの種になってしまっている人。特定のパートナーはいないけれども、困った局面で人の力を活用していける人。

特定のパートナーはいるけれども、いつも寂しい人。特定のパートナーはいないけれども、どこかでいろいろな人とのつながりを感じていて、寂しくない人。

本当に様々な人がいて、みんな一生懸命生きているのです。

本書は、そんな「一生懸命」を、生きやすい方向に整理してみようと思って作った本です。

特定のパートナーがいるにせよいないにせよ、自分について「今は、これでいい」と思えること。それがすべてのスタートになるのだと思います。そして、相手の行動を改めてほしいときにも、まずは「今は、これでいい」が前提となります。本文でもお話ししますが、生き物である人間は、否定されると自己防衛するようにできています。今の自分を受け入れてもらうところからしか、本当の変化は始まらないですよね。

今回も、貂々さんは、一生懸命にご自身のことを振り返り、たくさんの素朴な疑問を示してくださいました。そして天才的な力で、多くの内容を素敵な漫画にまとめてくださいました。いつもながら感服し感謝しています。また、このたびも企画から編集まで熱意をもって支えてくださった創元社の坂上祐介さんに深くお礼申し上げます。

このお二人は、「え？　今更そんなことを言い出す？」というタイミングで冒頭の心配を打ち明けた私に、びっくりしながらも素晴らしいサポートをくださいました。まさにかけがえのない出版パートナーズです（パートナーズが何かは本文をお楽しみに！）。結果として誕生した本書が皆さまのよきパートナーとなりますように。

水島広子

はじめに
こんにちは 細川貂々《てんてん》です
マンガ家をしています
今年23年目です
貂は動物のテンです
私は子どもの頃から
何か周りと違って生きにくい
と感じてました
大人になって 自分の中にネガティブ思考クイーンが生まれて
オホホホ
どーせ何やってもうまくいかないよ
それに支配されて悩み続ける日々を送っていました
そんな自分が大キライでした
ある時 精神科医の水島広子先生と出会って
そういう貂々さんでいいんです
まずは自分を「それでいい。」って認めましょう

えっ いいんですか？
大キライだった 自分を 少しずつ認め られるように なって
生きるのが ラクになってます
水島先生には 人と接する時の コミュニケーションの 大切さ 人の話を聴くことの 大切さを教えて もらいました
それを日常生活で 実際に やってるうちに
私はいつの間にか たくさんの人と 関わるように なり
知り合いが 増えました
でも そういう人たちの 中には 私が 初めて出会う ような人がいて
時々 びっくり させられる のです

私、世の中で一番 夫がキライ
!
えっ？
家の中で一緒にいるのもイヤだし
顔も見たくない
わかるわかる私も同じっ
鬱陶《うっとう》しくて話もしたくない
名前呼ぶのもイヤ
いるだけでストレスだよね
え〜〜？！！

えーと えーと
でも 好きだから
結婚してパートナーに
なったんだよね？
その時は
最高のパートナーに
巡り会ったと
思ったんだよねぇ
うん 思った
熱に浮かされてた
感じ
でも もう
結婚して
10年以上も
経つとねえ
ねえ
ひや――――!!
この時
私は思いました
パートナーって
何だろう？

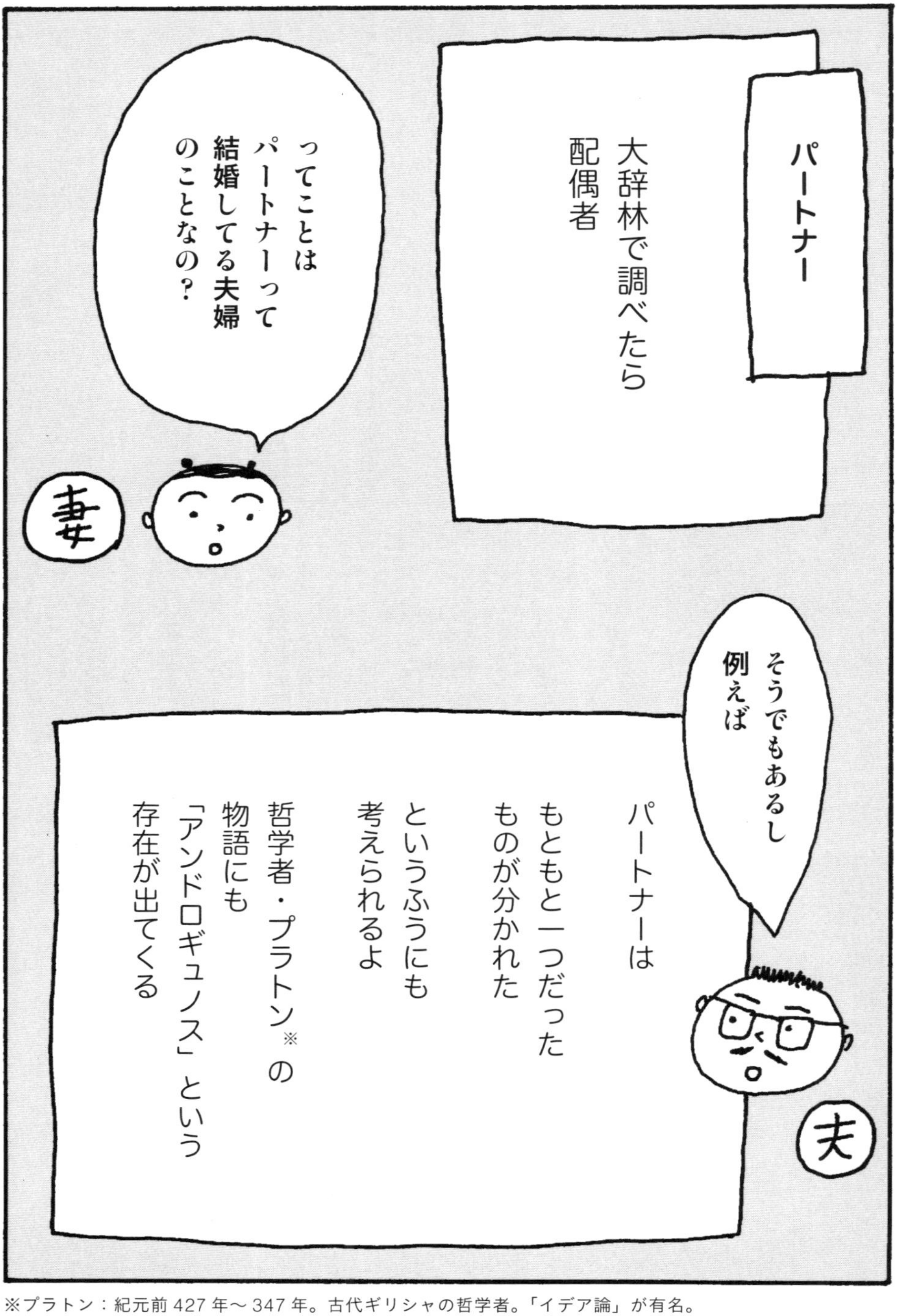

※プラトン：紀元前427年～347年。古代ギリシャの哲学者。「イデア論」が有名。

人は もともと
手が4本、足が4本
頭が2つで丸い形を
していて

走る時は
8本の手足を
使って

車輪のように
ぐるぐる
回ってた

それが2つに
切り離されたので

分かれた半身
（パートナー）を
求め合う
そういう考え方もある
（＊あくまで神話です）

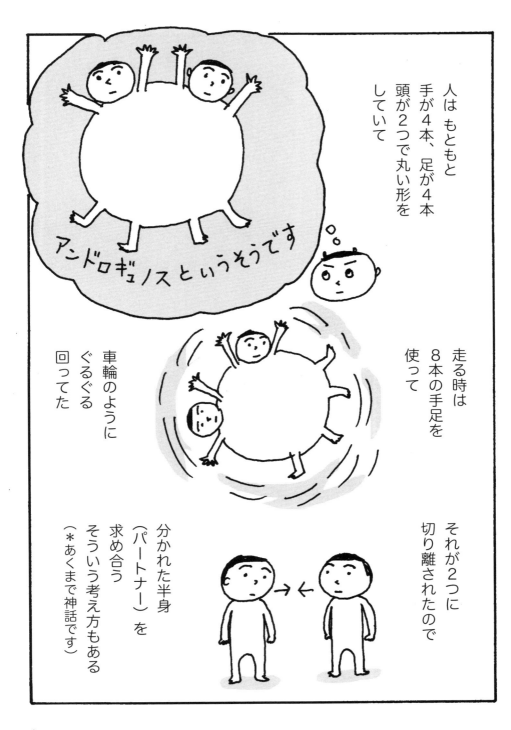

人は
ひとりでは
ヨロ
ヨロ
不安定で
心もとないことも
多い
何か
安定するためには
自分を支えてくれる
他者がいるといい
(それは人でなくてもいい)
それがパートナー

その関係性を
続けていくためには
自分がパートナーに対して
努力することが必要だし
パートナーに努力して
もらうことも必要
そうか
パートナーとの
コミュニケーションは
大事ってことだねっ
ま・そーゆー
ことかな
なんて会話をしてたら
水島広子先生と
パートナー関係の本
を作りませんか？
という
お話を
いただき
ました

私は
ワクワクしながら
ワクワク
水島先生のクリニックに
行きました

夫婦・パートナー関係も
それでいい。
もくじ

第2章

対人関係療法で改善する夫婦・パートナー関係

第3章

結婚に意味ってあるの？　73

第4章

パートナーがいなくても。　97

デザイン　いわながさとこ
制作協力　竹添友美
後藤美香

第1章

夫婦って、実は……。

お久しぶりです
水島先生のところに
行く時は いつも
いいお天気だな
ん?!
てんてんさん
ジーさん
カギはあいてます
のでお入りください
そうか勝手に
入っていいのか
カチャ
こんにちは
お邪魔
しまーす
あ
てんてんさん
こんにちは
ピンポーン
お久しぶりです
ペこっ
ハーイ
カチャ
あのっ 本当に
入ってもいいん
でしょうか
あっ ジーさん
いいんですよ
どうぞどうぞ
初めまして

言われた通り
勝手に入って
きてしまう私
と
ちゃんと確認して
から入ってくる
ジーさん
と
わぁー
お久しぶりですー
稳やかに
テンション高めのトモコさん
キャー
そして
いつもの
マイペースな
水島先生
何のお茶
飲みます？
この4人で
今回はお話する
ことになりました
リラックスする
お茶をいれて
きますね
ありがとう
トモコさん

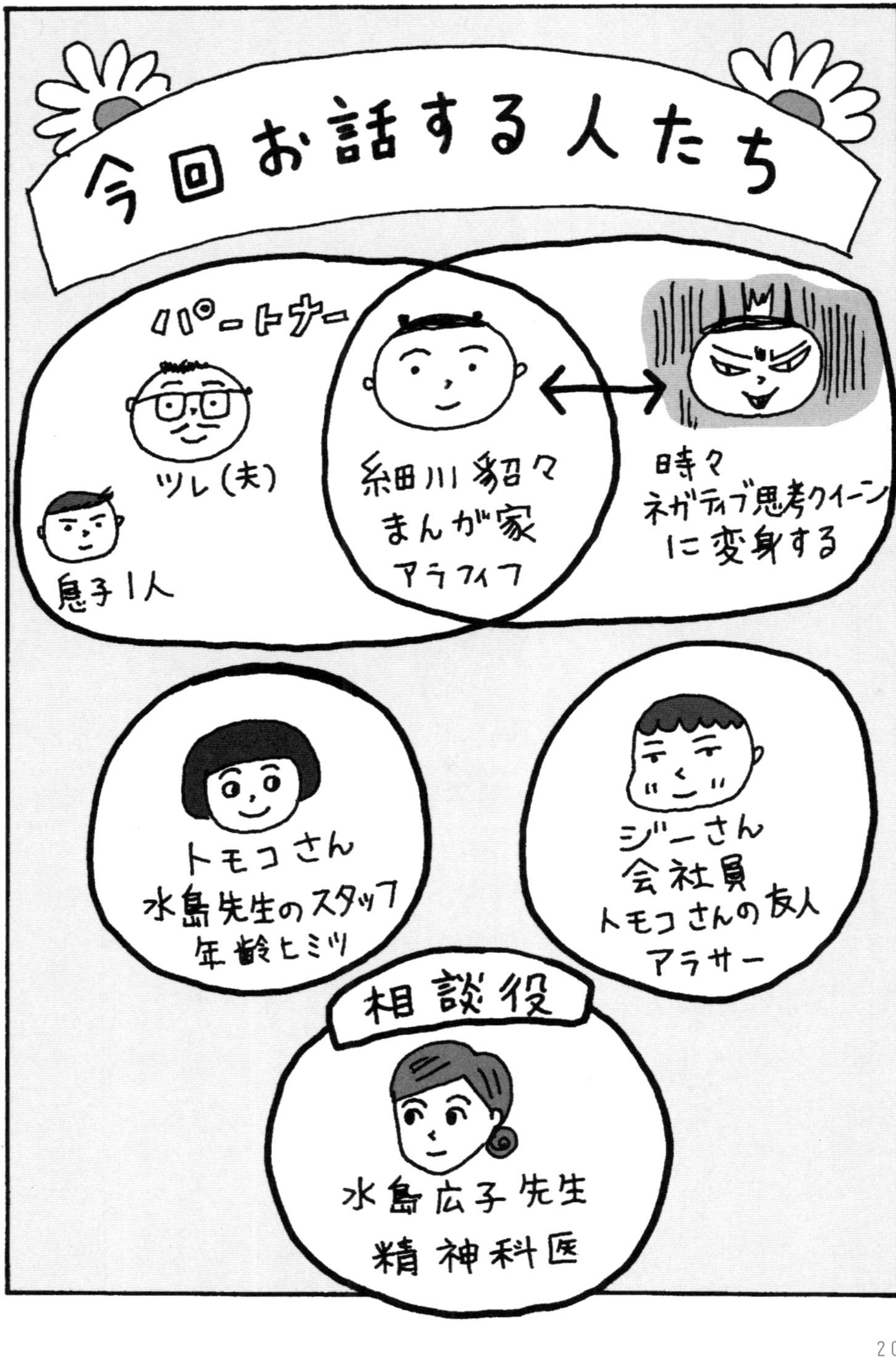
今回お話する人たち
パートナー
ツレ（夫）
息子1人
細川貂々
まんが家
アラフィフ
時々
ネガティブ思考クイーン
に変身する
トモコさん
水島先生のスタッフ
年齢ヒミツ
ジーさん
会社員
トモコさんの友人
アラサー
相談役
水島広子先生
精神科医

夫婦であり続ける意味
あの…もし 夫婦っていう形が 一番わかりやすい パートナーだと したら
私とか結婚 している人に だけ パートナーが いるってこと なんでしょうか？
そういうわけでは ないですよ でも確かに 夫婦は 代表的ですからね
パートナーとしては わかりやすいです
もちろん夫婦じゃ ないパートナー 関係もあると 思いますよ
あとで 詳しく 話し ますね
あのっ
ハイ ジーさん

実は僕
離婚したばかり
なんですよ
えっ
あ…
そうなん
ですね
あの決して
揉《も》めたりして
離婚したんじゃ
ないんです
お互いに
やりたいことが
あったり住みたい所が
違ったり
それで
二人で話し合って
夫婦でいる意味
あんまりないよね
ってなって…
夫婦でいる
意味…
はい
僕は夫婦って
他人が二人
たまたま
仲良くなって
婚姻届一枚書いて
一緒になっただけ
ぐらいにも思えて

でも それなら
友だちでもいいんじゃないのって気もしたんですよ
ただ…
夫婦関係から友だち関係になった時 いろいろ考えちゃったんです
どんなことですか？
夫婦だったんだから もっとああしてたら良かったのかな
とか
何でああしてあげられなかったんだろう
とか…

これが友だちだったら
お互いに自由に考え合ってちょっと気分が悪い時は距離を取ったりとか出来るじゃないですか
どうして夫婦だと重苦しくなっちゃうんでしょうね
今の人間関係ってSNSで知り合った直接会ったことのない人と友だちになったり
自分の家の隣に住んでる人がどんな人かも知らないような中で
昔ながらの結婚という形式や社会と各家庭との距離感に違和感が出てきているような気がします

さらに夫婦って いう関係性は 何だか重い 気がして
ずしっ
夫婦
ぱっ
そういうのを もうちょっと
気軽に考え られるようになると
結婚も 離婚も
そんなに 重苦しい話 じゃなくなる かなと…
僕は夫婦っていう 関係性に必要以上の 重りがある感じがして
ずしっ
夫婦
こんなに重苦しい のなら 考え直しても いいんじゃないかって 思ったんです
それで僕の場合は その関係を 止めました

関係性を変えて今はどうなったんですか？
とても楽になりました
お互いに楽になってまた元の友だち関係に戻ってます
あのっ
この場合
ジーさんと相手の方は引き続きパートナーってことになるんでしょうか？
どうなんでしょうジーさん
そうですね
お互いにとっていい形をと考えたので

COLUMN
コラム
1

対人関係療法と夫婦・パートナー関係

こんにちは。精神科医の水島広子です。

私は「対人関係療法」という精神療法を専門にしています。もう25年以上になるでしょうか。それはどういう治療法かと言うと、人は、身近な人との関係次第で病気にもなれば、回復もする。そこに注目して、対人関係のストレスを減らし、人からのサポートを増やして、病気を治療していくというものです。うつ病や、摂食障害、PTSD（心的外傷後ストレス障害）、双極性障害などへの効果は科学的に証明されており、「エビデンス・ベイスト」な精神療法として国際的にもよく知られています。効果の科学的検証に時間をかけたので普及はまだまだこれからですが、日本人にもとても合った治療法です。

さて、対人関係療法の大きな特徴の一つは、「重要な他者」との現在

の関係に注目する、というものです。「重要な他者」というのは専門用語なのですが、簡単に考えていただければ、家族、恋人、親友など、その人に何かが起こったら自分にかなり大きな影響がある人たち、と考えていただければわかりやすいです。

本書でとりあげる「パートナー」は、中でもかなり重要な存在です。

対人関係療法は、実際のデータに基づいて作られた治療法なのですが、例えば、中年既婚女性の場合、うつ病になる前に最も多く見られたのが「配偶者との不和」でした。重要な他者との不一致は、治療で焦点を当てる問題領域の一つになっています。

また、職場でパワハラなど嫌な目に遭ったとき。パートナーとの関係性がよくて、「ええ?? そんなにひどいことされたの?」「そんな会社やめちゃったって、あなたの価値は下がらないよ」と言ってくれるようであれば、職場で受けた傷はかなり緩衝されます。うつ病などの病気に至らずにすむかもしれません。

人からひどいことを言われたときも、「それは相手の方がおかしい。あなたは何も悪くない」と言ってもらえれば、「自分は大丈夫」という感覚を育てることができます。

つまり、パートナーとの関係は、それ自体が悪くなると病気にすら至るものだし、逆に、関係がよいと、他の傷から心を守ってくれて、「自分は大丈夫」と思わせてくれる、ということになります。

　このような特徴は、本書を通してご説明していきますが、対人関係療法には、「夫婦用の対人関係療法」というバージョンがあります。それは、治療の全部を夫婦が同席して行うものです（あくまでも、患者さんと、その配偶者、という立場はわきまえてもらいますが）。効果ははっきり出ています。患者さんが病気から回復し、さらに夫婦間の信頼度も増す、というものです。

　このデータは夫婦を対象にして得られたものです。しかし、それは研究の条件を整えるために敢えて「結婚している夫婦」を対象にしたのであって、本書でお話ししていくような内容が、婚姻届を出しているかどうかに左右されるわけではありません。

　むしろ、パートナー性が大切です。結婚していても、していなくても、パートナーとして暮らしている方たち。そしてその中に悩みがある人たち。

　あるいは、今現在パートナーはいないけれども今後の参考にしたい方たち。あるいは、そもそもパートナーという存在に疑問を持っておられる方。パートナーがいない自分を寂しく思っている方。様々な方たちに、本書をぜひ読んでいただきたいと思います。

　まずは、「パートナー」と言うと今の時代の多くの人の頭に浮かぶ、夫婦関係から見ていきましょう。

（水島）

夫婦の重り
先ほどジーさんが言ってた「夫婦の重り」について
少しお話したいと思います
夫婦って基本的に一番近いパートナーのように思われてますが
実は一緒に過ごす時間が少なくて相手のことをよく知らないんです
えっ
外に出て仕事をしてる人の多くがパートナーとの時間が少ない

たいていの人の日常
朝 家を出て
行って きます
一日中 仕事をして
夜 帰って来て ゴハン食べて おフロ入って 寝る
職場の人と 会話をして
コミュニケーションを 取ることはしても
家でパートナーとの コミュニケーションを きちんと出来る 時間は少ない
お互いに 相手が
何をして 何を考えてるのか
知らない

それなのに 求められてる役割が 社会的にも 家庭的にも 大きい
夫なんだから
妻なんだから
夫婦なんだから何でも知ってて当たり前でしょ!!
夫婦なのに相手のこと何も知らないの？
夫婦は良いことも悪いことも
お互いの知らない部分を話し合っていかなきゃ成り立ちません
それが出来てないと何かの時に「え？ こんな人だったの？」と トラブルになったりします
ナルホド

それから
夫婦という単位は
世の中にたくさんのパターン
があって 他の夫婦について
聞く機会が多いのも問題
ムカムカ
○○さんちは
夫が毎週末
ゴハンを作って
くれるのに
ウチの夫は
トースト一枚
焼かない…
ヨソと比べちゃう
へくへく
そして夫婦は自分と相手との
境界線が引きにくい
夫
夫婦なんだから
これくらい
いいだろ
夫婦
なんだから
アレもやって
あげなきゃ
妻
お互いに相手のりょう域に
入りすぎちゃう
こういったことが
重りに感じる
ことだと思います
対処法はまた次回

パートナーの重要性
今回夫婦やパートナーについて
みなさんとお話したいなと思ったのは
パートナーが心の健康に直接影響を与える人なのに
パートナーの重要性を軽く考えてる人が結構いるんですよね
なのでパートナーって何か？ってことを話し合えたらと思ったんです
この3人でいうとパートナーはそれぞれいるようですが
夫
別れた妻
恋人

※以前出てきた：既刊『それでいい。』82ページにもより詳しい内容が載っています。

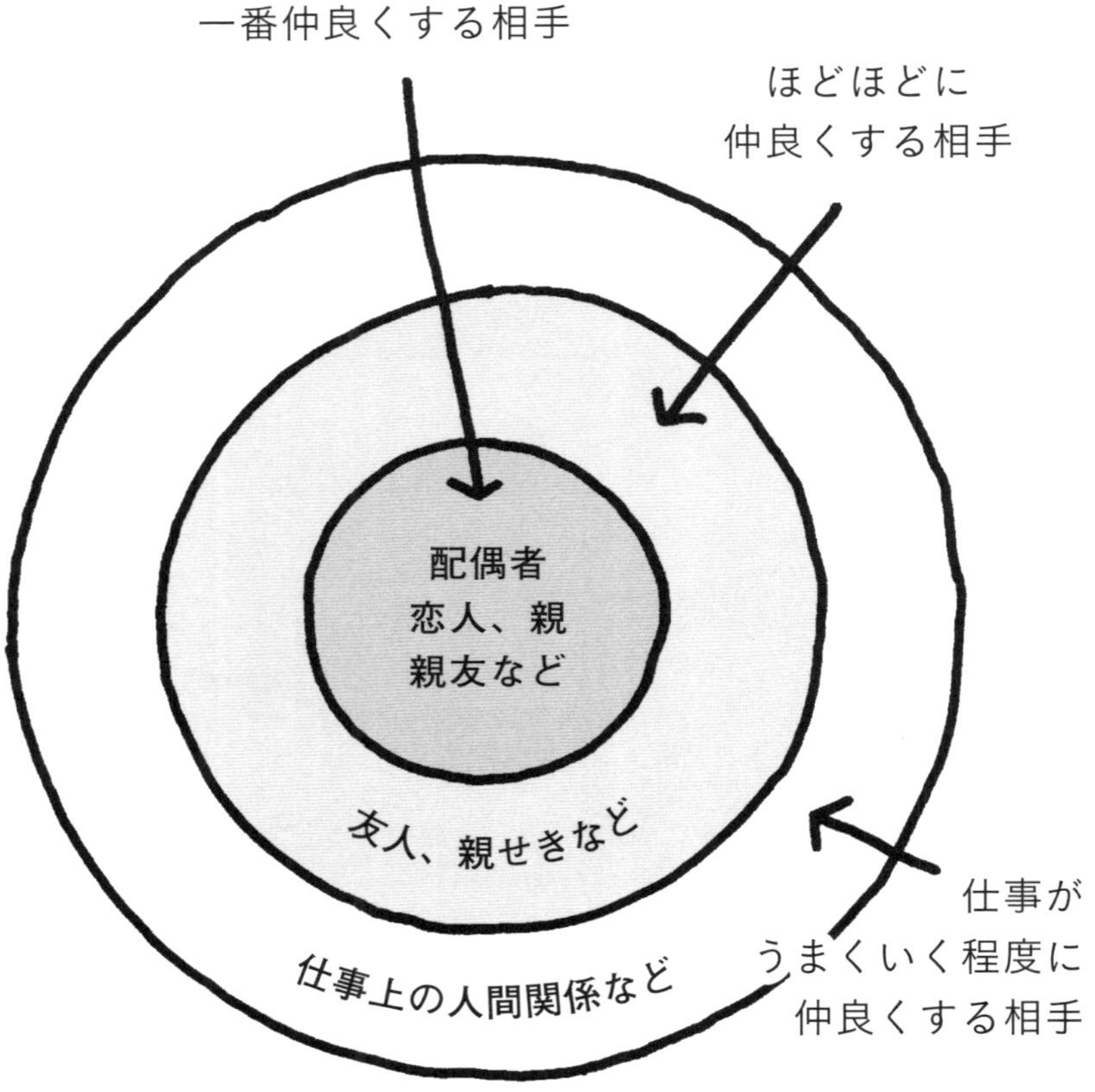

円の真ん中の人たちとの
関係性が一番 自分の心に影響する

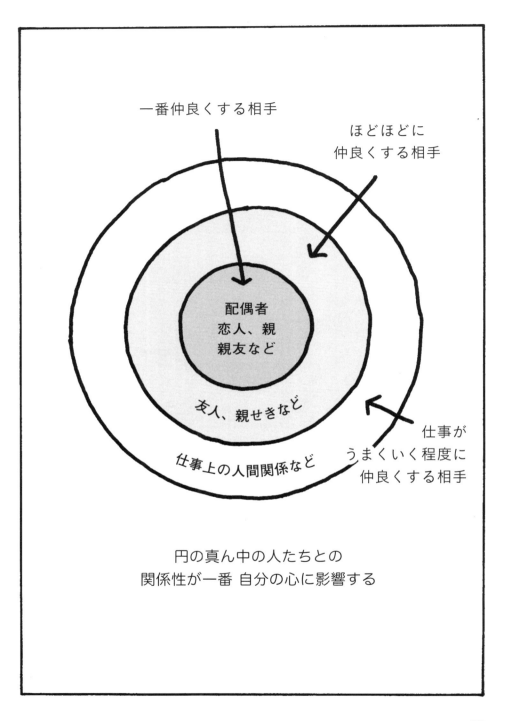

あでも私の周りはパートナーを重要な他者と思ってる人はいないかも
そうなんですよ
アンケート
私も以前悩みの相談を誰にしてるかアンケート調査をしたことがあって
男性はほとんど妻だったんですけど
女性はほとんど姉妹、母、友だちだったんです
夫と答えた人は非常に少なかった
男性は女性に相談してるけど
女性は男性を相談相手として見てないってことなんですよね

重要な他者は好きとか嫌いとかではなく
その人がいなくなることで自分の生活が大きく変わる人
なんです
大切じゃない好きじゃないと思っても
重要な他者はすごく自分に影響を与えてる存在なのだということをしっかり認める
それをもう一回改めて考えてみてください
重要

自分のまわりの人との関係性を書いてみよう

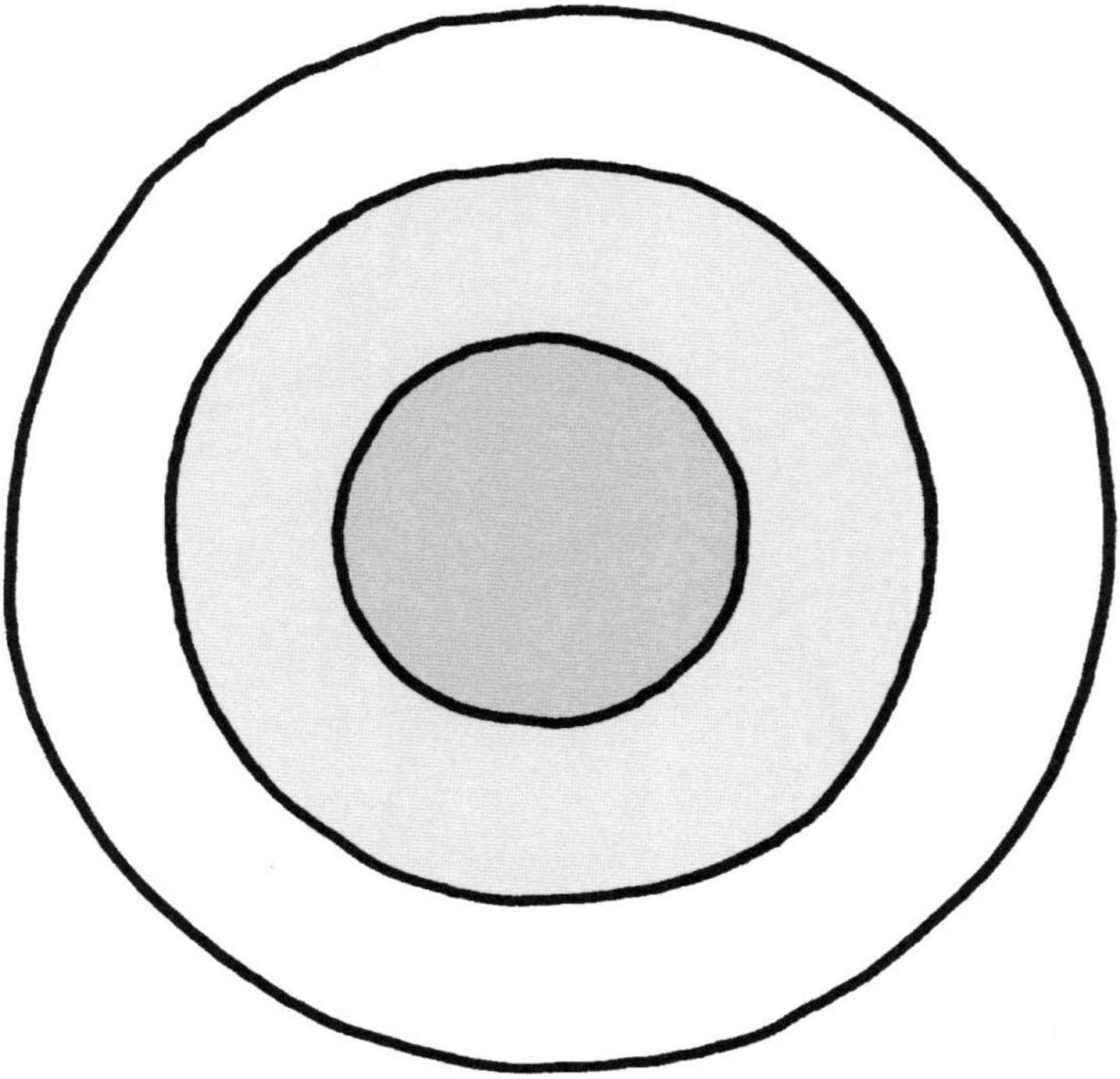

人間の気持ちは 相手と自分 両方の関係性を
持ち合いながら 連動してるよ

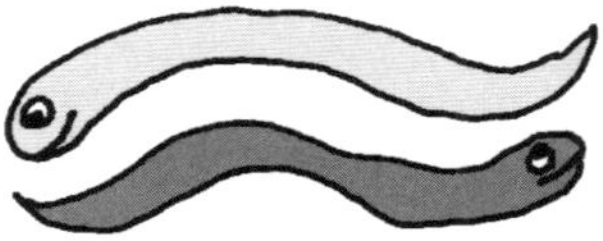

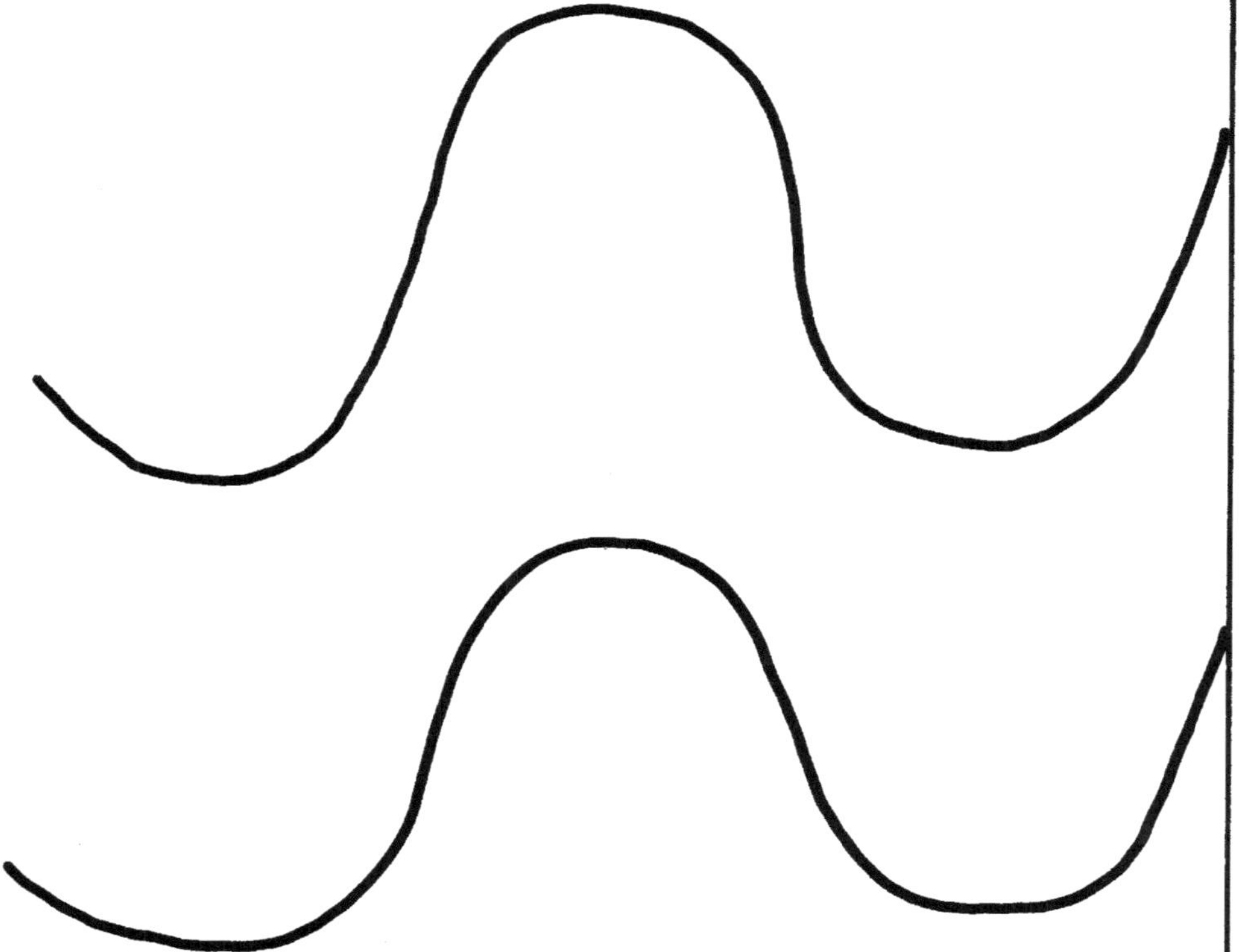

自分の気持ちに基づく 行動と
相手の 気持ちを 書いてみよう

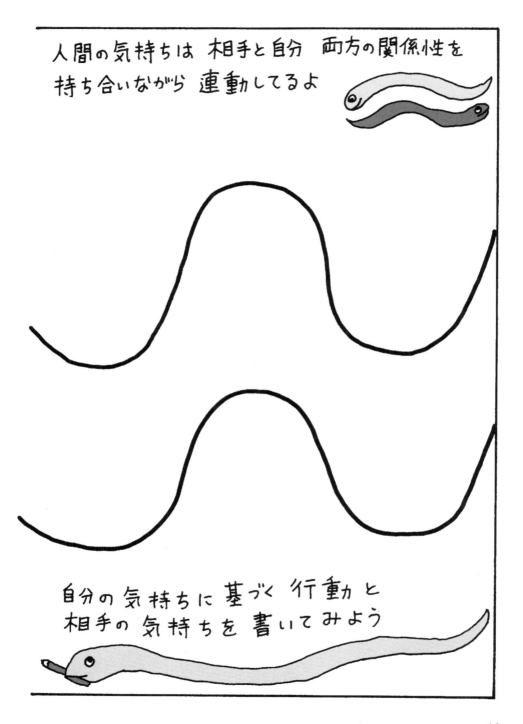

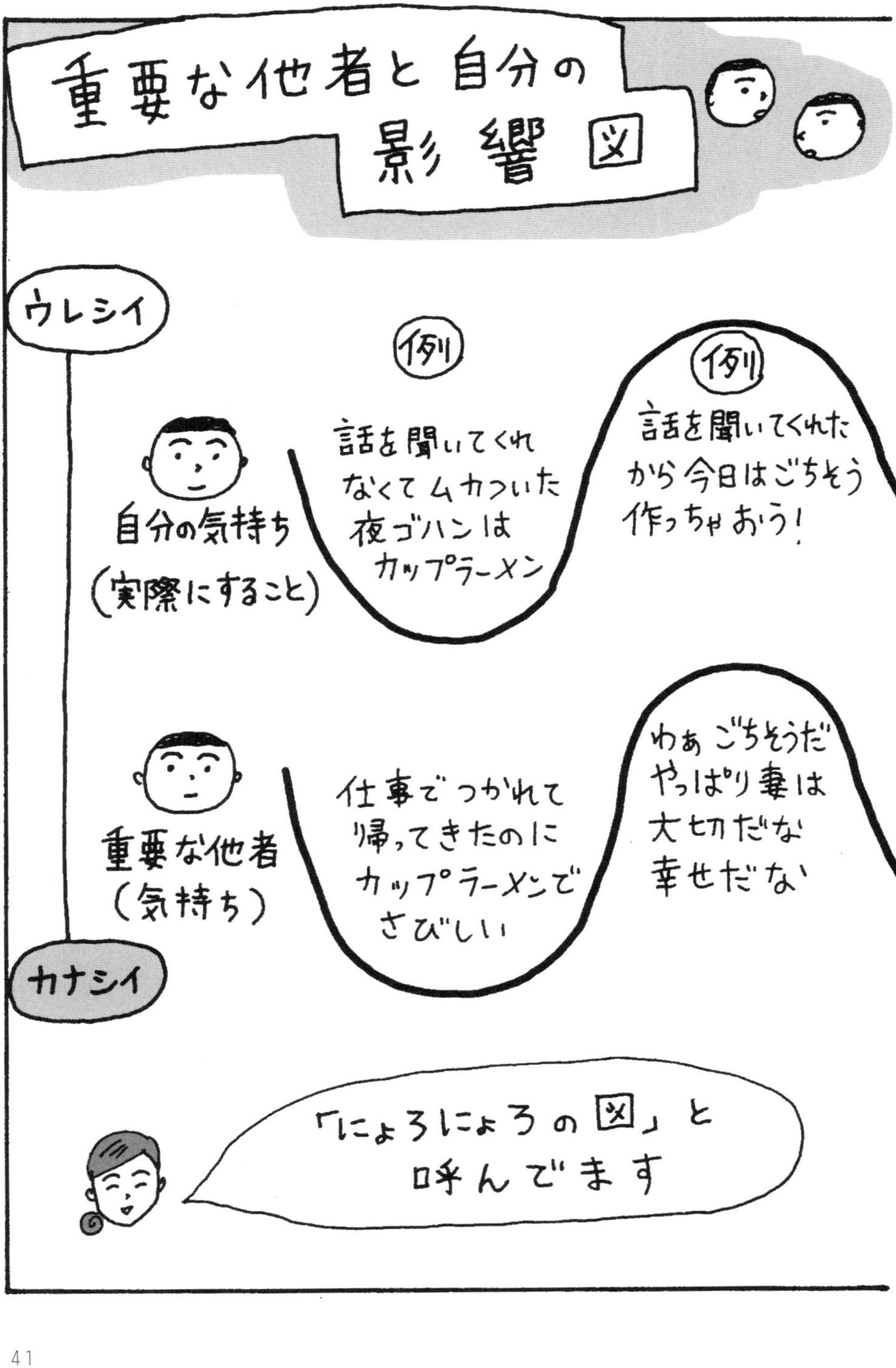
重要な他者と自分の影響図
ウレシイ
カナシイ
自分の気持ち
(実際にすること)
重要な他者
(気持ち)
例
話を聞いてくれなくてムカついた夜ゴハンはカップラーメン
例
話を聞いてくれたから今日はごちそう作っちゃおう!
仕事でつかれて帰ってきたのにカップラーメンでさびしい
わぁごちそうだやっぱり妻は大切だな幸せだな
「にょろにょろの図」と呼んでます

基本的に夫婦は
好き嫌いに関わらず
重要な他者です

また 子どもという
かけがえのない存在を
持ちやすい関係

まずはその中でうまくやる秘訣を提案しますね
ハイ!! ぜひ
夫婦の間こんなことってあるんじゃない?

COLUMN 2
コラム

夫婦・パートナーは「重要な他者」

夫婦・パートナー関係というのは、実はとてもユニークなものです。

一般には「最も身近な存在」と思われているし、経済上など様々な利害関係があるにも関わらず、実際は職場で過ごす時間の方がパートナーと過ごす時間よりも長かったりします。その結果として、あるいは単独行動が多かったりして、「相手のことを知っていて当たり前」と思われているのに、実は「よく知らない」ということもあるのです。

夫婦・パートナーは、社会的に見ても、生活上でも、「最も身近な人」であるケースが多いのですが、さらに子どもがいたりすると、とても大切な共同作業があるわけです。婚姻届を出しているかいないか（婚姻届を出していると「結婚」ということになります）、共同生活を営んでいるかどうか（双方に婚姻の意思があり共同生活を営んでいるけれども婚姻届を出していないと「事実婚」ということになります）に関わらず、どちらも、子どもから見れば親なのですから。

また、本来、パートナー関係にあってもそれぞれが独立した個人なのですが、パートナーの責任をとらされる、ということは私たちの生活の中に、ごく普通にあります。感じの悪い夫がいれば、その妻は近所から「何とかならないの」という視線を浴びます。妻本人の責任ではないのに、です。

　このように、「夫婦だから」「パートナーだから」お互いの責任をとるように、という重い空気はありますね。

　夫婦・パートナー関係の難しさの一つに、「どちらの問題なのか、境界線が引きにくい」というものもあります。例えば、服を脱ぎ散らかす夫。文句を言いながらも結局は片づけてしまう妻。本来は、自分の持ち物は自分で管理すべきですが、「まあ夫婦なんだから」で片づけられてしまうのです。

　本書の冒頭で貂々さんが驚いておられますが、「配偶者が大嫌い！」という人は案外少なくないものです。子どもがいるから離婚はしない、あるいは生活の激変を嫌って離婚はしない、でも配偶者への愛がまだあるのかと言うと、「全くない！」という人は案外多いものです。

　だから突然の「熟年離婚」なども起こるのでしょう。それまでは、「子どものため」「体裁のため」と我慢してきたのが、残りの人生を考えたときに、自分の生活の質を上げたいと思う、ということなのでしょう。

そして、そんなに嫌われていたことを知らなかった配偶者はびっくり仰天、ということになるのです。

ちなみに、対人関係療法で用いる「重要な他者」というのは変な専門用語です。以前、私の先輩から、「大切な人」などに直せないのか、と聞かれたことがありました。私は少し考えましたが「直せません」と答えました。

なぜかと言うと、「配偶者が大嫌い！」というケースなど、確かに「重要な他者」なのだけれども主観的に「大切な人」とは思えない、という例が少なくないからです。でも、家に帰れば毎日顔を合わせ、家庭生活を共にし、近所づきあいもパートナー単位、どちらかが亡くなれば当然のようにお葬式を出す、という関係は、明らかに「重要な他者」です。

コラム1でもお話ししましたが、「重要な他者」との関係性の悪さは、うつ病のような病気にすらつながります。また、「重要な他者」との関係がうまくいっていないと、その他の場で受けたストレスが緩衝されず、むしろ「男のくせに弱音を吐かないでよ」「女の愚痴は最悪」などと言われてしまって、よけい心に刺さることになります。

ですから、パートナーとの関係を、悪いままにしないでいただきたいと思います。パートナーとの関係がよいだけでも幸せな人生。それ以外で不運に襲われたときにも、パートナーとの良好な関係は、よいクッションになります。

（水島）

第2章

対人関係療法で改善する夫婦・パートナー関係

ズレるコミュニケーション
パートナーとの関係のズレを広げる
←ズレ
一番の原因がコミュニケーション不足
お互いにズレてても
辛いラーメン
きつねうどん
焼きイモ
全部ツレが作る→
ズレてるのを認識してれば大丈夫
ある日の夜ゴハン
ウチは好みがバラバラだからね
しょーがないよね
→
二人ともこんな感じに言えてれば本人たちがズレてても関係性は良い
どっちかひとりだけ言ってるとちょっとマズい

良いコミュニケーションを
取るためには ココに
気をつけましょう
出来るだけ
一緒にいる
時間を作る
(会話もする)
問題を次の日に
持ち越さない
(ケンカをしても
その日のうちに
仲直りする)
夫婦でも
他人だと思って
相手を尊重
する
(最低限の礼儀は
わきまえる)
子どもを
言い訳に
しない
(子どもがいても
ちゃんと自分たちに
向き合う)
自分を
主語にして
話す
あなたが
こう言ったん
でしょ?
ではなく
私はこう
言われて
ショックだった

コミュニケーションは生活習慣
ジャンクなものばかり食べる家で育つ子は
スナック菓子
カップメン
菓子パン
インスタント
栄養が偏《かたよ》るように
コミュニケーションをしない家で育つ子は
コミュニケーション力が弱くなる
コミュニケーションをしてる親は
切り開いてる
進んでる
じー
コミュニケーションした方がうまくいくんだ
コミュニケーションで何かを切り開いてる
その様子を子どもが見て学んでる
子どもは親の会話からいろいろ吸収してます

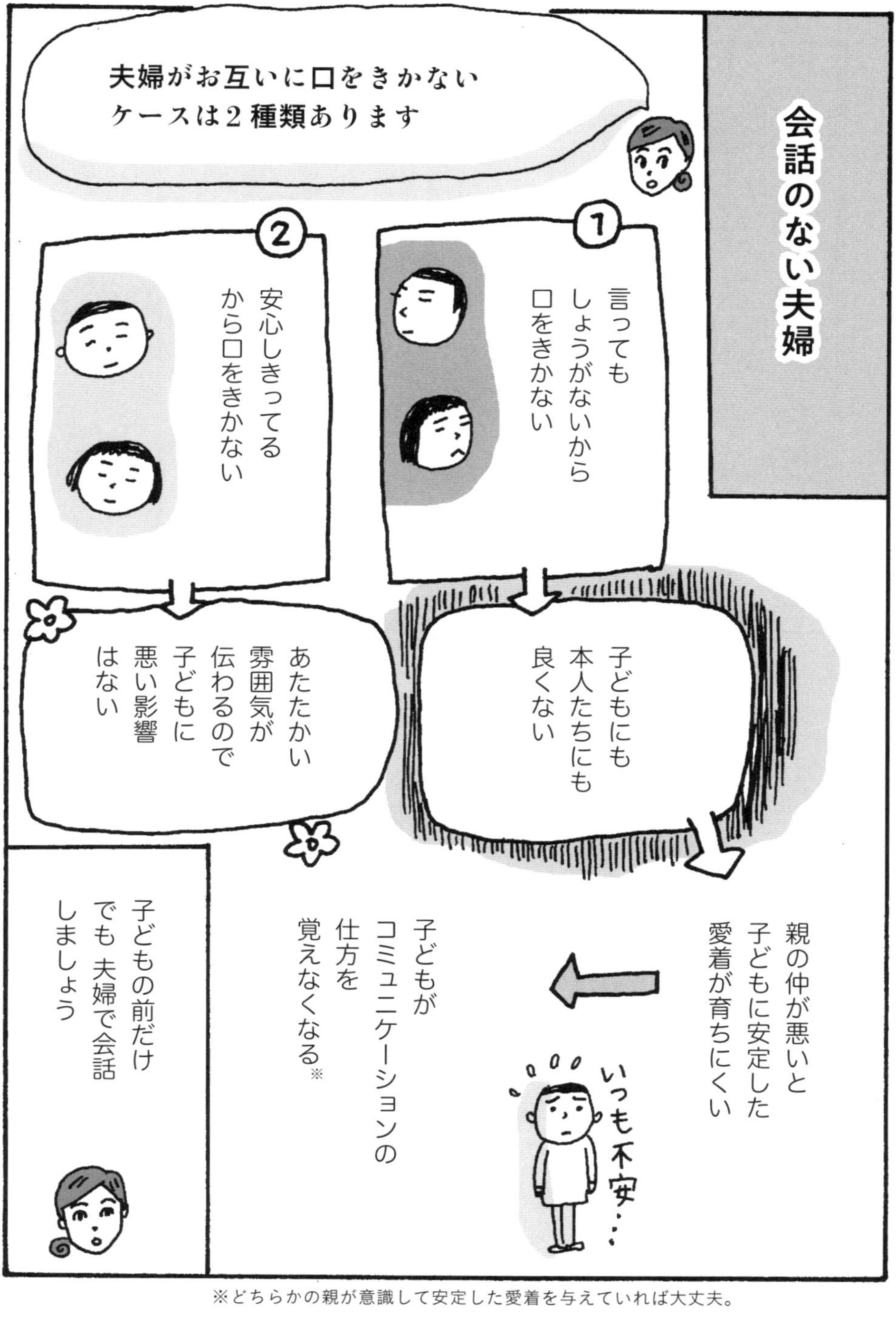

※どちらかの親が意識して安定した愛着を与えていれば大丈夫。

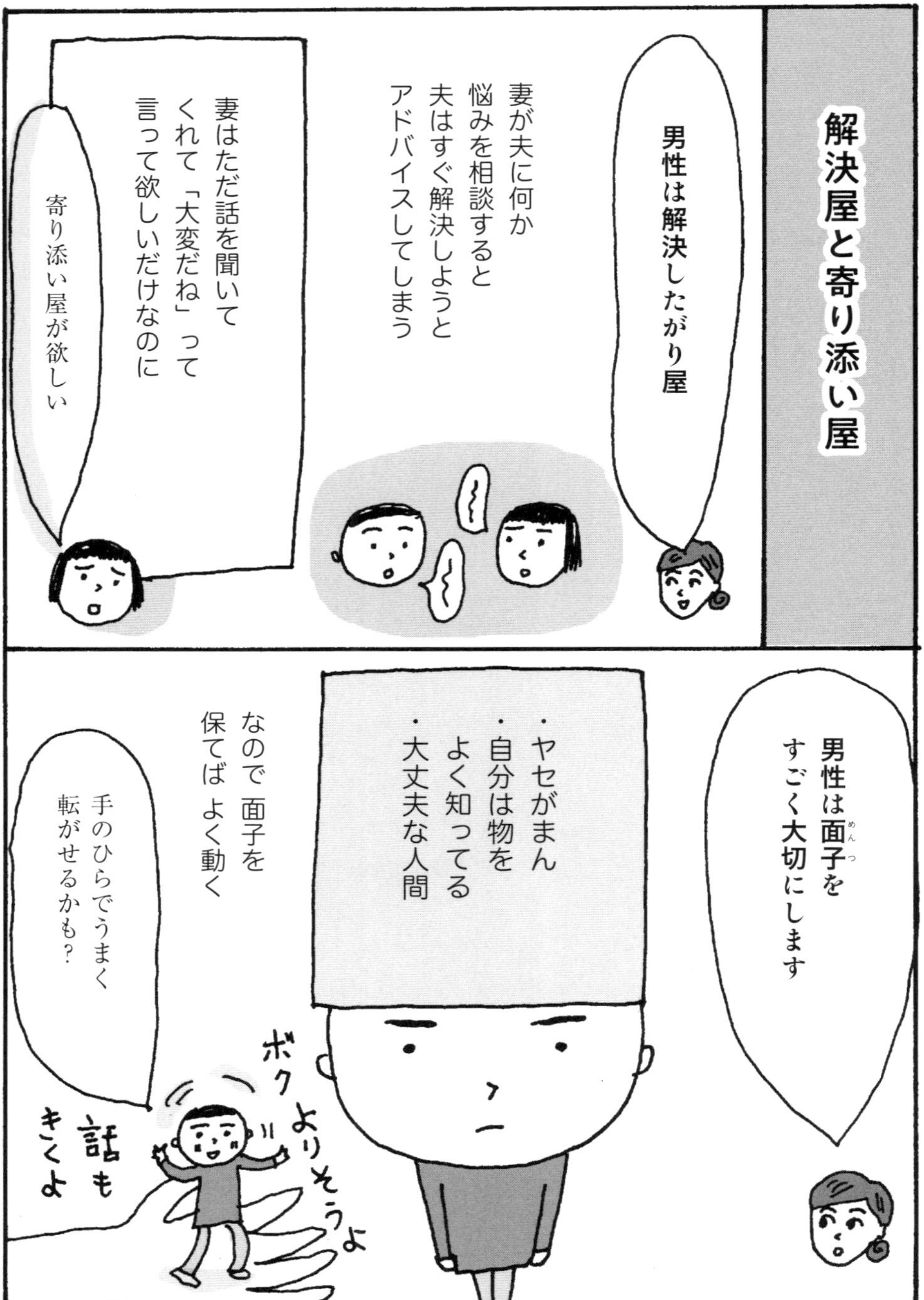
解決屋と寄り添い屋
男性は解決したがり屋
妻が夫に何か悩みを相談すると夫はすぐ解決しようとアドバイスしてしまう
妻はただ話を聞いてくれて「大変だね」って言って欲しいだけなのに
寄り添い屋が欲しい
男性は面子《めんつ》をすごく大切にします
・ヤセがまん
・自分は物をよく知ってる
・大丈夫な人間
なので 面子を保てば よく動く
手のひらでうまく転がせるかも？
ボクよりそうよ
話もきくよ

こういう感じ　よくある？
男性は努力をほめられたい
こんなに頑張ったよ
女性は存在を認められたい
私がいるからいろいろうまくいくんだよ
僕がいたから出来たんだよ
へーうまくいって良かったね
私がうまくやってあげたからなのに
なんで怒るの？
だからこんな会話になったりする

「自然のまま」はキケン!!
夫婦はただでさえすれ違ってて一緒にいる時間が少ない
忙しい
忙しい
自然のままで暮らしていると
どんどん関係性が
忙しい
忙しい
密度の薄いものに
なってしまう
人間は放っておいたら
最近うまくいってるからいいか
で流しちゃう
こういうところから小さい亀裂が入る
話すことがなくても一緒にいる時間をちゃんと作る

スキンシップも
有効です
お互いに
「今、ここにいる」
ことも大事にする
ウチは よく マッサージしてもらってます

相手の呼び方
ウチは外では「ツレ」とか「あいぼう」とか呼び合ってますが
家の中ではお互いの名前を呼んでます
でも世間では夫のことを「主人」「だんな」妻のことを「奥さん」「家内」「女房」「嫁」と呼ぶ人がいる
私はそれがちょっとニガテ
昔「ご主人様いらっしゃいますか?」って電話がかかってきた時
「主人は私ですが」と言ったことがあります
かっこいいー

配偶者の呼び方は
みなさん悩むところ
ですが
「おつれあい」
「おつれあいさま」
がいいのでは？
ナルホド!!
でもその時の
話の流れで
相手に
合わせる
呼び方を
するのは
しょーがない
かも
つい
だんなさん とか
奥さん とか
言っちゃいますね
なるべく相手の
配偶者の名前を
聞き出して
名前で呼ぶ
のもアリ
ですね
それは
いーかも!!

COLUMN 3
コラム

夫婦の「ズレ」と「役割期待」

私は数えきれないほどの夫婦面接を、対人関係療法の中で行ってきました。

私は治療として行うので、もちろんどちらかは病気なのですが、それでも、一般のご夫婦にとても役立つパターンを見つけてきました。

その一つは、妻は「話を聴いてほしい」だけなのに、夫は「解決してあげなくちゃ」モードに入って、結果として妻にプレッシャーをかけてしまう、というものです。

例えば、妻は「今度の仕事、英語が必要になるみたいなの。私、英語自信ないから心配」と、いわゆる「愚痴」を夫にこぼします。すると夫は、「駅前に英会話学校ができたじゃないか。早速申し込みなよ！」と、善意でアドバイスします。

これは妻から見ると、「話を聴いてもらっていない」ということになります。妻だって、本当に英会話学校が必要だと思えば、自分で考えると思います。でもたいていの場合、だらだらと心配事を言って、「そうか、そうか」と聴いてもらえば自分で心の整理をつけていくことができるのです。

もちろん夫は嫌がらせをしているわけではありません。私は患者さん

の夫に「ただ聴いてあげればいいんですよ。解決しようとしないでください」と伝えますが、夫は「え??それだけでいいんですか??」とびっくりします。

男性の解決癖はもちろん善意に基づくものなのですが、環境の変化に戸惑っている妻にとっては、「愚痴は聴きたくない、と打ち切られた」「親身になってくれていない」と感じられるのです。この手のズレはとても多く見られます。

また、一般に、女性の方が相手の顔色を読んでふるまうことが得意です（もちろん例外はありますが）。ですから、妻が夫に対して「私が疲れているっていう顔色を読んで、ちゃんと家事を手伝ってよね」と心の中で思っていても、夫は、顔色を読めないのです。それで何もしないでいると、妻からは「思いやりがない」と思われたりします。

これは、国際学会でも確認したことがあるのですが、どんな国でも、「男性には課題を与えよ！」と言います。つまり、妻の顔色を読んで、何をしたらよいか考えるのはとても苦手だけれど、「今日私すごく仕事で疲れているから、お皿洗ってくれる？」「お風呂洗ってくれる？」というふうに具体的な課題を与えるとちゃんとやってくれるのです。そして、「本当にありがとう」とその努力をねぎらってあげると、次にはもっとやる気になる、ということがあちこちで起こっています。（水島）

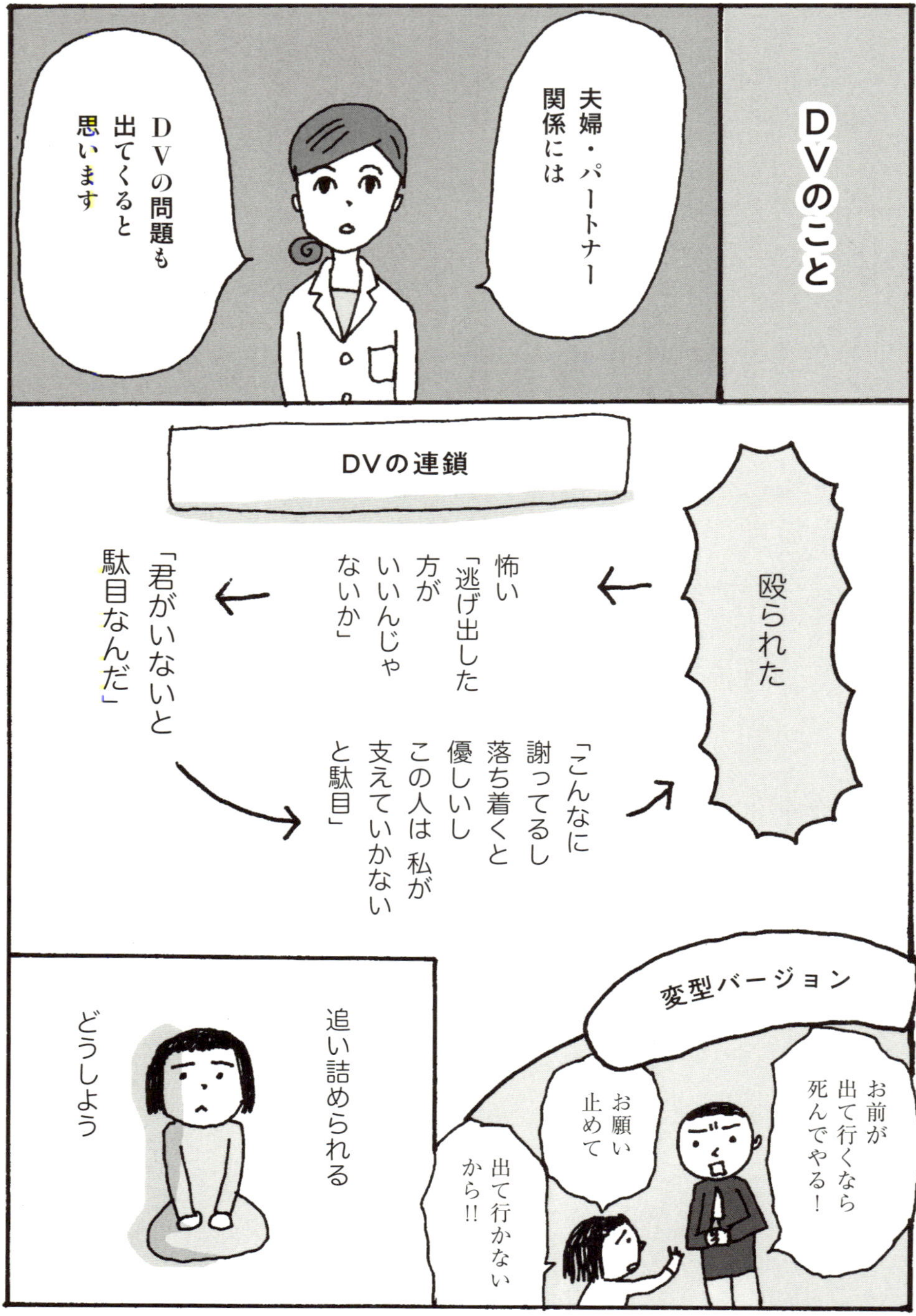
DVのこと
夫婦・パートナー関係には
DVの問題も出てくると思います
DVの連鎖
殴られた
怖い「逃げ出した方がいいんじゃないか」
「君がいないと駄目なんだ」
「こんなに謝ってるし落ち着くと優しいしこの人は私が支えていかないと駄目」
変型バージョン
お前が出て行くなら死んでやる!
お願い止めて
出て行かないから!!
追い詰められる
どうしよう

モラハラのこと
精神的DVと言えるのですがモラハラも問題になってます
モラハラのパターン
自分がダメな人間のように思わせられる言動をとられる
例えば何を言っても軽蔑する
お前はホントに社会のことわかってないな
フンッ
私わかってないんだ
ウチの夫は賢いからすごいんだ
私が悪いのね
そこにセカンドモラハラ
夫婦はいろいろあるんだからうまくやっていかなくちゃ
そんなのあなたの心の持ち様よ
やっぱり私が悪いんですね
追い詰められる
どうしよう

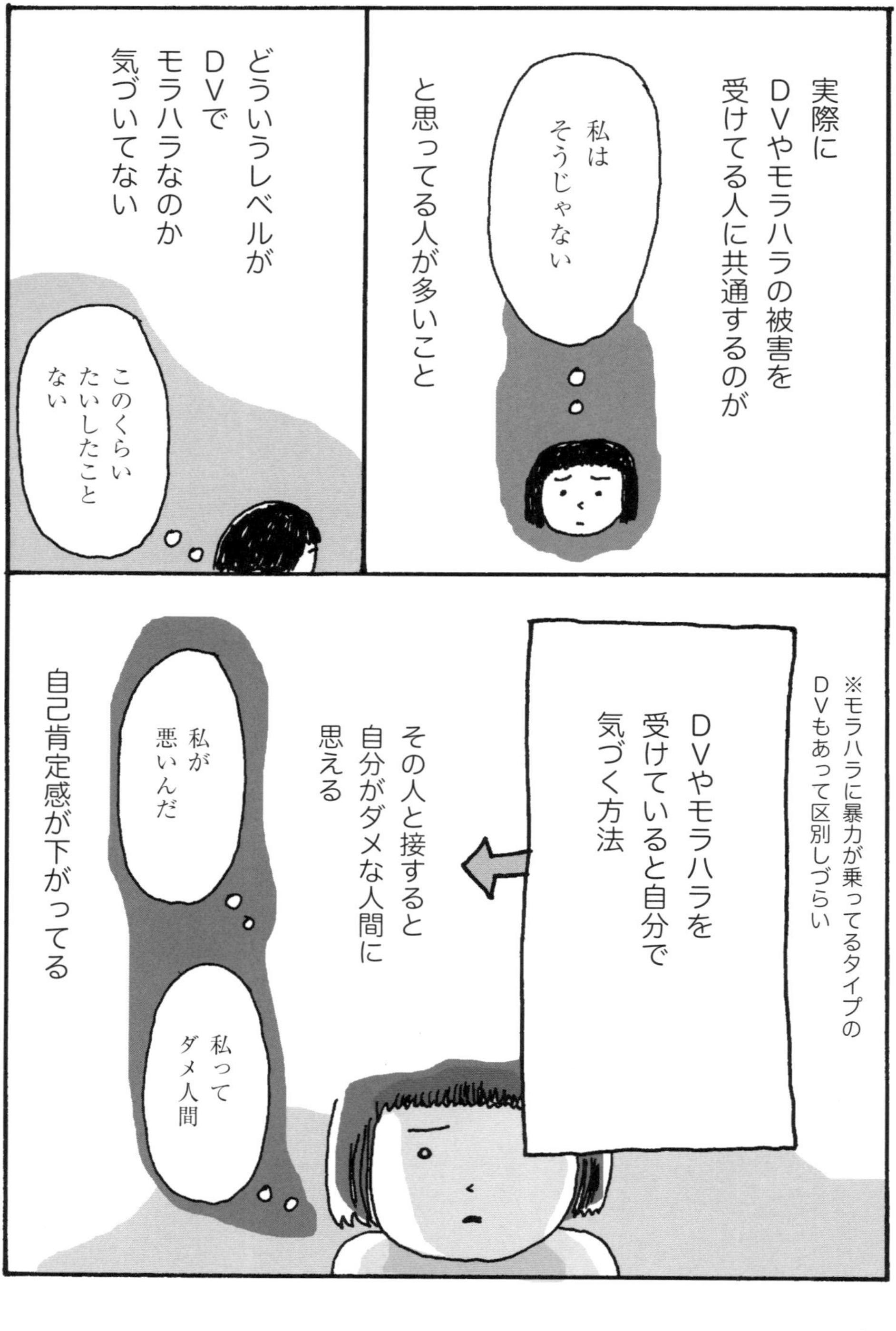
実際に
DVやモラハラの被害を
受けてる人に共通するのが
私はそうじゃない
と思ってる人が多いこと
どういうレベルが
DVで
モラハラなのか
気づいてない
このくらいたいしたことない
※モラハラに暴力が乗ってるタイプのDVもあって区別しづらい
DVやモラハラを受けていると自分で気づく方法
その人と接すると自分がダメな人間に思える
私が悪いんだ
私ってダメ人間
自己肯定感が下がってる

DVの場合
すごく優しくされる
チヤホヤ期があるので
自己肯定感が上がった
ように感じちゃうけど
やっぱり
君だけだ
「DVの連鎖」を
繰り返していくうちに
どんどん自己肯定感が
下がるので わかる
みんな 私が
悪い
私がダメ
モラハラの場合
ほめられることは
あまりないですが
DVやモラハラに
気づいたら
その環境から
逃げることを
考えましょう
どれほど
健康な人でも
DVやモラハラ構造に
入ってしまうと
抜け出せなくなって
苦しくなります

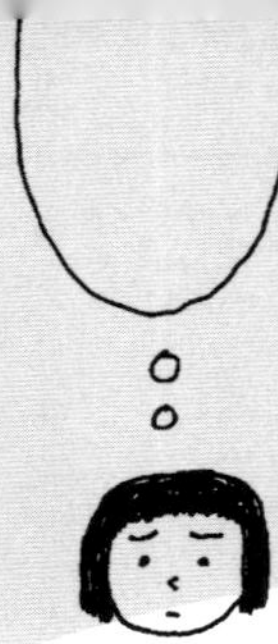

COLUMN 4
コラム

DVとモラハラ

パートナー関係を考えていく上で、避けては通れないのがDV（ドメスティック・バイオレンス）やモラハラ（モラルハラスメント）。

　DVは家庭内暴力のことですが、この頃はデートDVという言葉もあるように、家庭という場以上に関係性の問題が中心のように思います。暴力によって相手を支配する。自分はダメな人間だと相手に思わせる。相手が逃げようとすると、優しくなって土下座すらする。それにほだされて「やっぱりこの人には私がいないと。落ち着いているときは優しいし」という気持ちになって、また次の暴力へとつながっていく。これが、典型的なDVのサイクルです。

　対人関係療法では、患者さんの価値観に介入しませんし、選択肢を治療者が選ぶことはありません。あくまでも患者さん主体の治療です。ではDVはそのまま放っておくの？　と思われるかもしれませんが、そんなことはありません。

　対人関係療法はもともと病気の治療法として作られたものです。もちろんDVの被害者になっている方は、たいていがうつ病やトラウマ関連障害を患っておられます。ですからその治療においてDVは扱っていく必要があるのですが、その際、典型的なDVのサイクルを、「症状」とみ

なします。というのも、DVの被害に遭っている人は、あまりに多くが同じことを言うからです（60〜62ページ参照）。

症状に振り回されずに自分の人生を歩んでいただけるようサポートするのが治療者の役目となります。

一方、モラハラとは、言葉や態度等によって行われる精神的な虐待で、身近な誰かの非を見つけ、人間的な価値を貶めて加害者の「自分は正しい」という自己愛を満足させるものです。つまり、加害者は「自分は正しい」に基づいた行動をとり、被害者は「私が間違っている」という刷り込みをされていきます。

そこには、「正しい加害者」と「ダメである被害者」という支配構造が作られてしまいます。モラハラの被害者は「非難されるのは自分に非があるから」という思い込みを植えつけられるため、それが虐待であるという認識を持ちにくく、自分はよりよい扱いに値するということに気づけなくなるため悪循環につながります。

なお、DVにしろ、モラハラにしろ、まさに「本格的」な人ほど、「でも、私の例なんて程度が軽いのではないかしら」とおっしゃいます。それほど自己肯定感が下がってしまっているということなのでしょうね。

自己肯定感を下げる人からは、他の人からのサポートを得て、離れましょう※。（水島）

※「離れ方」は、ぜひ、実践経験のある専門家に相談していただきたいと思います。どこに相談するか、というのはなかなか難しい問題だと思いますが、相談できそうなところであればどこでも大丈夫です。ＤＶ被害者支援をしている公的窓口はとりあえずの相談先としてわかりやすいでしょう。その他、医療の場で相談してもよいし、法律相談などでもよいと思います。どこに相談するにせよ、重要なのは、そのときの心がけです。何であれ、「相談しなければよかった」「やっぱり自分が悪いのだ」と感じるときには、その相手は本当の意味での「専門家」ではない、ということは重要な目印となります。本当の「専門家」に当たれば、「相談してよかった」「何とかなるかもしれない」と心が軽くなるものです。

家族が病気になった時
そういう時
今までの時間のあり方を振り返って良い配偶者になる!!
もっと家事手伝う もっと2人の時間作る
というのは構わないけど
僕（私）が何とかしてあげなくちゃ!!
という考え方になると関係性がおかしくなる
病気の時は難しい話
←
専門家に任せる
難しいことはできない
家族の役割は病気の人に寄り添っていつも味方になること

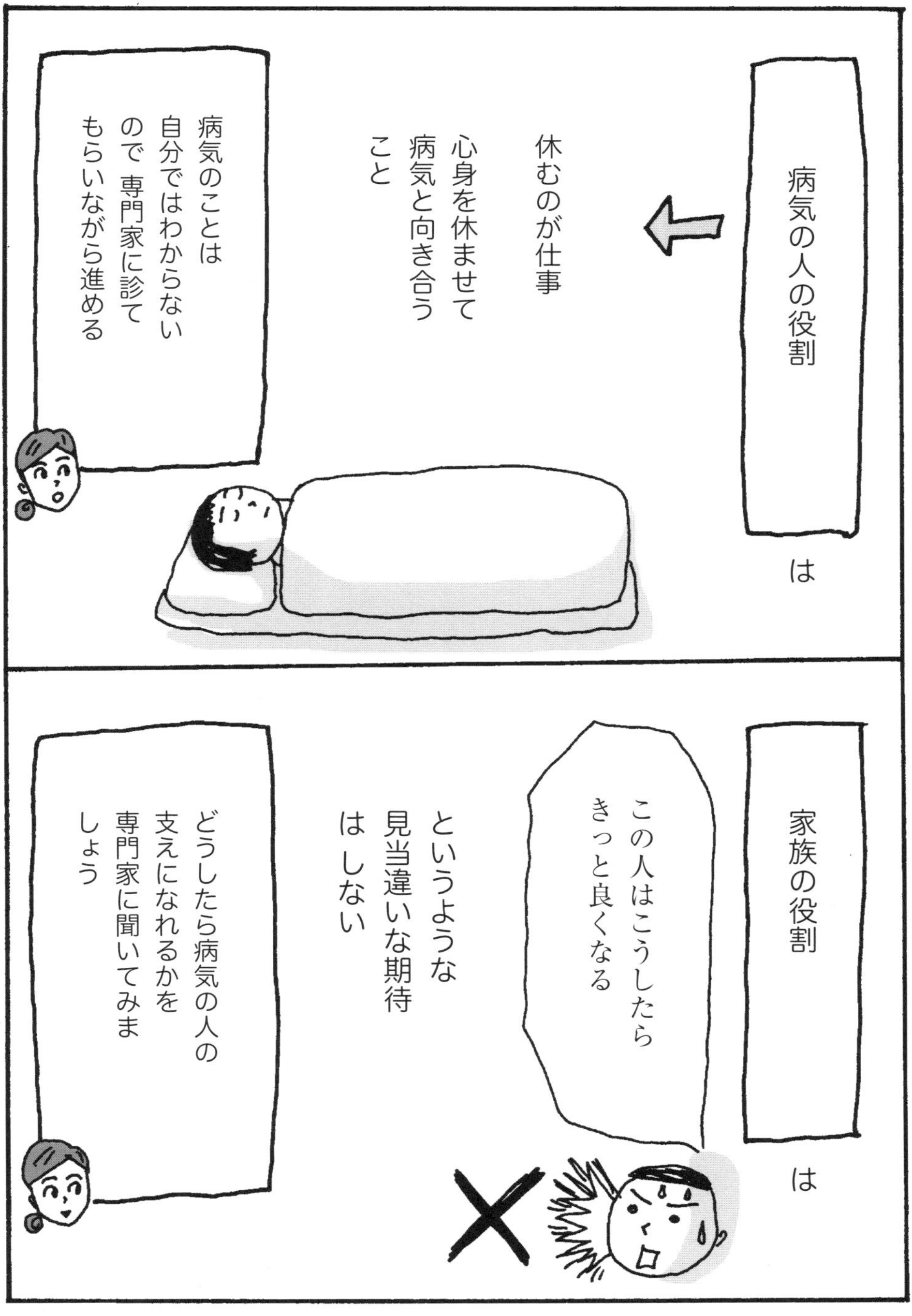
病気の人の役割
は
休むのが仕事
心身を休ませて
病気と向き合う
こと
病気のことは
自分ではわからない
ので 専門家に診て
もらいながら進める
家族の役割
は
この人はこうしたら
きっと良くなる
というような
見当違いな期待
は しない
どうしたら病気の人の
支えになれるかを
専門家に聞いてみま
しょう

※ ASD：自閉症スペクトラム障害。発達障害の一つ。
※カサンドラ症候群：パートナーのASDが原因で情緒的な相互関係が築けないために、もう一方のパートナーに生じる身体・精神的症状。正式な医学的診断名ではないが広く知られている。

ＡＳＤの人は本人に悪気はないのだけど
他人から見ると悪気があってわざとやってるように見えます
平気でモラハラをする人もいます
悪気なし
何ソレおかしいよ
イジワルで言ってる？
妻が病気になって
初めて何か
自分に悪いところがあったと気づく
でもＡＳＤの人は相手の顔色を読んだりできないので
夫が妻に
気持ちをわかってあげられなくてごめんなさい
を一日一回必ず言うことで関係性が改善した例もあります

COLUMN 5
コラム

夫婦関係を考えていくにあたって

貂々さんが冒頭で驚いていらしたように、「配偶者が嫌い」「名前を呼ぶのも嫌」という人は少なくないと思います。

もともと好き合って結婚したはずなのに、なんでそんなことになってしまうのでしょうか。

日常に埋没してしまうと、「亭主は元気で留守がいい」みたいな考えが当たり前になってしまうかもしれません。それでも、あくまでも夫婦関係。不幸な気持ちで毎日を過ごすのもつらいですし、特にお子さんがいたら、最悪の生育環境を提供してしまうでしょう。

ここで、なぜ「配偶者が嫌い」なのか、具体的に考えてみましょう。仕事仕事で家のことを何もしない。脱いだものを散らかしておく。それも、臭い。子育ては全部母親の仕事だと思っている。子どもの出来が悪いと母親を責める。

自分は妻として精一杯やっているつもりなのに、家事についての愚痴が多い。

夫の側はどうでしょうか。家族のために一生懸命働いているのに、「給料袋」みたいな扱いしか受けない。家では、妻と子どもたちが楽しそうにやっていて、自分の居場所が

ない。これだけ一生懸命働いているのだから、休日くらい趣味をしたいけれども、妻が許さない。

あるいは、できる範囲で家事をやっているのに、妻は不機嫌なまま。

このようなときに、ただ不満を言うのは簡単だけれど生産性がないものです。関係性の歪みや破綻にもつながるでしょう。

対人関係療法においては、「配偶者が嫌い」のレベルにとどまらずに、「相手に何をしてほしいのか」という「役割期待」を整理します。「夫はあれもやらない、これもやらない」という不満がある場合、では、それらを全部やってくれる人はどんな人でしょうか。「よい仕事でよい収入を得てくれる。しかも早い時間に帰ってきてくれる。家事もよくやってくれる。身の周りのことをきちんと整えてくれる。子育てをよくしてくれる。休日は、すべての時間を家族のために使ってくれる。自分を、女性として紳士的に扱ってくれて、寂しい思いをさせない。地域の活動でもリーダーを務めてくれる。病気はしない」などと挙げていくと、「とても一人の人間には無理」という結論に達するかもしれませんね。

その場合、「せめて、洗濯物を洗濯機に入れてくれれば」くらいの役割に最終的に落ち着くかもしれません。それでも、進歩ですし、相手が自分の希望に沿って努力してくれている姿は悪いものではありません。

また、夫婦間の問題の根っこによく見られるのは、「あの人は私が疲れているとわかっているのに手伝ってくれない」などという不満です。知っているのに協力しないとしたら確かに思いやりがないですね。でも、よくよく聞いてみると、そもそも「知らない」ことが多いのです。

夫婦同席対人関係療法では、最初に三択の質問をします。

- **このままでよいのか。**
- **変化を起こすためにお互いに努力するか。**
- **今すぐ別れるか。**

もちろん、治療の場にまで現れる方の多くは、第二の選択肢を選ばれます。つまり、日常何となく暮らしていると「もうどうすることもできない。嫌なら別れるしかない」と極端にしか浮かんでこない解決策も、じっくり取り組んでいけばよりよく見えてくるということなのです。

きちんと整理していった結果、それでも別れが必要になる場合もあります。人間には相性もタイミングもありますから、仕方のないことです。この場合も、お互いの望む人生、お互いが相手に期待することをよく整理した後であれば、別れた後の「私がもう少し努力しておけば」という後悔を最小限にすることができるでしょう。やるべきことはやった。そしてこの結論しかない、ということに二人で合意した。その歴史があれば、次の人生に向かっていけると思います。

なお、夫婦関係についてより理解を深めたい方は、『対人関係療法で改善する　夫婦・パートナー関係』も参考にしてください。（水島）

第3章

結婚に意味ってあるの？

結婚の意味
トモコさんはパートナーがいるんですよね？
えっ あ…ハイ
外国に恋人が…
その人と結婚する予定はないんですか？
あ…
ないです
お互いに結婚したくない派で…
今の恋人に出会う前の人生もあるじゃないですか
その時も結婚したくなかったんですか？
そうなんです…

私
日本の結婚の意味がわからなくて
10代の学生の頃は男女交際禁止不純異性交遊とか言ってたのに
まだ早すぎる
フケツ
ある一定の歳になると急に豹変したんです
早く結婚しないと
早く子ども産まないと!!
ウチの親
そーゆーのが
とってもキモチ悪くて
フム
フム

それで男性の方も女性を「お嫁さんを探す目」で見るようになるじゃないですか
それがすごくイヤで!!
この人オレの嫁に
なれるかな
そうなると
純粋な私
というより
嫁としてどうか?、
という意味で品定めされる感覚があったんですよ
自分で言うのもヘンですが
私って見た目優しそうじゃないですか
あ・ハイ
でも私昔から変わってるんです
自分でわかってました

だから私みたいな変わり者が生きていくには結婚した方が生きやすいんじゃないかと思って
周りから勧められるままにお見合いを試したりしてました
でもムリでした
結婚はイヤでした
ああそうだ!!
私 短大卒なんですけどなかなか就職が決まらなかったんですよ
そしたらお母さんが突然
就職なんてしなくていいから2年くらい家事手伝いして いい人ができたら結婚すればいいじゃない
って!!

20歳くらいから
とにかく結婚結婚
って言われるように
なって
「何が何でも
結婚」みたいに
なって
キャー
結婚
結婚
結婚
結婚
結婚
何か
イヤで
ひたすら歳を
重ねていったら
今の彼と
出会ったんです
結婚
しなくて
いいじゃない

ふー
彼と出会った時やっとそういうことから
逃れられてホッとできたんです
今は楽になったんですね
ハイとっても楽になりました
ふーん
結婚しててもしてなくても
遠くに離れててもパートナー

結婚は恋愛の最上級?!
だけど
ですね…
「私 外国に恋人がいるんです」
ということを人に話すとしつこく聞かれるんです
その状況をどんなふうに思ってるんですか?
って…
私たちはこれがいい感じなんですよ
と説明しても
そんなのすごい苦しそう

世間一般から外れたことをしてると
フツーはこうでしょ？
の価値観を押しつけられて
私は勝手に「苦しそうに生きてる人」にされちゃうんです
自分ではシアワセなのにっ
ぷん ぷん
とてもわかります

自分も前と比べたらすごく生きやすくなったのに
「離婚したから不幸な人」と周りに見られてます
お二人の話を聞いてると結婚って夫婦って何だろう？って思えてきます
何かね知り合いに言われたことですごく衝撃的だったことがあって
「結婚って何がそんなにいいんだろうね」って言ったら
「私は結婚って恋愛の最上級だと思う」と言われたの

えっ
恋愛の最上級？
おどろいてネガティブ↓思考クイーンに変身
びっくりするでしょ
恋愛しただけじゃ見せるものがないじゃないですか
誇れる免状みたいなものが
私は恋愛中
結婚したことで
私は、その恋愛の最上級の人に選ばれました!!
私はこの人の妻です
という証拠を世間に言えるんだそうです

人生最高のパートナーに恵まれました!!的なアピール？
そう!!
うげっ
そーゆーのニガテ
私は結婚と恋愛って違うものだと思ってたから
くらくら
それ聞いて何が何だかわからなくなって
うーむ
けど それ すごくよくわかります
結婚することで自己肯定感が上がるというか
社会に認められたみたいな幻想を抱いた気がしました
婚活パーティーとか婚活アプリとかあるじゃないですか
あれも手軽な上に結婚というものがより一層社会の中で求められているから 流行っているのかもしれませんね

そういえば私の40代の友人は
45までに結婚できなかったら出家をすると言ってました
へえっ
結婚できないと出家で世間から離れるっていうことは
結婚が社会だと思っちゃってる裏返しですよね
社会から「結婚」というものを
強制的に役割として押しつけられてる感じがあります
だからそこからはみ出ると
いろいろ言われるんですよね
ねっ

結婚は一つのパターン
結局
結婚というのは一つのパターンなんですね
大人になって
パートナーとの出会いがあって
老人になって死ぬまでの間
人生の過ごし方の一つのパターンが「結婚をして家庭を持つ」ということ

昔だったら女性にとって結婚は
就職みたいなものだったと思うんですよ
相手の家に嫁いで
嫁として働く
でも今はそういう時代じゃなくなってます
家電の発展で家事は少なくなってるし
夫の家族と同居する人は少ないし
それでも結婚することや子どもを持つことに対する
社会的なメリットがそれなりに法的にもあるわけなので
結婚する人が多いと思うんですけど
まあ子育てはすごくお金がかかってますけど
結婚はしてもしなくても
どっちでもいいと思います

COLUMN 6
コラム

結婚はパートナー関係の1パターン

パートナーを持つ・持たないも一つの選択ですが、そのパートナー関係を結婚という形にするかどうかも一つの選択だと言えます。

結婚にまつわる制度はいろいろとあります。本来はそれらにメリットを感じれば結婚すればよい、ということになるでしょう。

しかし現実には、「結婚して一人前」のような価値観や、さらには「結婚して子どもを持って一人前」みたいな社会通念があって、それらに多くの人が縛られているような気がします。

なぜそういう社会通念があるのか、というと歴史によるところも大きいでしょうが、「結婚に伴う責任」という概念もあるのかもしれません。法律で規定された様々な義務、また、子どもを育てる上での社会的義務もあります。義理の家族や親戚が増えることも、煩わしさを増すことが多いですね。それらを果たして初めて「一人前」と考える人も多いのかもしれません。また、「結婚式を挙げる＝（特に）女性にとっての最大の幸せ」みたいな価値観もまだ根強くあって、いろいろな形で（メディアなどからも）プレッシャーを受けることがありますね。

これら既存の価値観から自由になるためには、地に足を着けて、「今の自分たちが、できるだけ相手を思いやり合って暮らしていくには、どの形をとるのが一番現実的なのだろう？」と、パートナー同士でよく話し合ってみることが重要です。

どんな生き方でも、一生懸命生きていれば「一人前」です。自分たちの関係性が安定していれば、地域における責任なども果たしやすくなるし、そこからまたつながりが広がったりしますよね。

なお、「とにかく結婚したい」「結婚さえすれば何とかなる」と思っている人たちにとって、結婚はゴールに見えるかもしれません。しかしそれは単なる出発にすぎません。完璧と思えた相手が、数年後にはＤＶ人間になっているかもしれません。また、相手の暴力や不倫によって、シングルペアレントになっているかもしれません。

これらのことを踏まえた上でパートナー関係を結婚という形にしたいのか、幸せなパートナー関係を持つために、また、質のよい子育てをするために、本当に自分はこの相手との結婚を望むのか、考えてみてもよいのではないかと思います。

「結婚して一人前」の価値観に縛られず、結婚はパートナー関係の一つのパターンとして、多くの人が自分の幸せのあり方を考えられるとよいですね。

（水島）

愛着のこと
愛着のことを考えると
不安定な愛着の人は結婚制度をうまく使った方がいいと思います
不安定な愛着…
子どもの頃育ってきた過程で期待したことを不規則に裏切られたり親に愛されているのかよくわからなかったりすると大人になって不安定な愛着になります
周りの人を信用できないとか
自分は必要とされてないって思うとか
ぬっ
バサッ
ネガティブ思考クイーンの私ですね!!

結婚してると
相手との関係性は
民法に守られてるから
「安定した」という
ことになる
不安定な愛着の人は
安定した世界に
いた方が
自分自身が
生きやすくなる
安
定
そういう意味では結婚はいいと思います
ですよね？てんてんさん
ハイ…
おかげさまで…
不安定な愛着に
育った人は
安定した愛着の人を
見つけるまでは
なかなか大変
どーせ自分なんか
でも
不安定な愛着の
人がシアワセな結婚
をするのは
すごくいい処方箋
なんとかなってます…

プラスの衝撃は3ヶ月
結婚を決める時は最低でも3ヶ月は待った方がいいかもしれません
3ヶ月？
それはなぜですか？
プラスの衝撃は3ヶ月だから
プラス？
恋に落ちるっていうのはポジティブな衝撃を受けるということなんですね
ゴン
その衝撃は3ヶ月続くと考えられています
マイナスも同じく3ヶ月です
じゃあ

3ヶ月間は
衝撃を
受けたまま
ってことですか？
そうです
3ヶ月間は
衝撃で
考える能力が
落ちてるので
周りが見えない
状態
だから3ヶ月は
同棲とか婚約とか妊娠とか
重要な決断は
しない方がいいかも
3ヶ月過ぎた
頃から周りの
意見が耳に
入ってくるので
それからいろいろ
考えれば
いいです
よく恋愛が
3ヶ月しか
続かないって人
いますよね
それも
同じこと
なんだと
思います
ナルホド

COLUMN 7
コラム

有効な結婚

私が専門としている対人関係療法ととても関連が深いものに、ジョン・ボウルビーという精神科医が提唱した「愛着理論」というものがあります。

小さな子どもは、「母親的役割」（本当の母親である必要はなく、その子にとって一番身近な養育者）との関係から、対人関係の基本を身に着けます。そしてその対人関係のパターンを、成長しても繰り返していくことが一般的である、という考え方です。

「母親的役割」の人が、求めるときにはいつも応えてくれる、という環境で育った子どもは、「母親的役割」の人を「安全基地」と認識します。何か失敗しても、安心してそこに戻ることができるよりどころ、というような意味です。ですから、基本的に人を信頼し、新しい挑戦をすることもできます。何か困ったことがあったらいつでも「母親的役割」の人が助けてくれる、受け入れてくれるからです。こういう人は大人になっても、基本的に健康な「性善説」に立ちますし、自分のダメな部分も含めて人に相談できる、「安定した愛

着」を持つことができます。

一方、「母親的役割」の人が、応えてくれるときもあればそうでないときもある、そしてそのルールがわからない、という環境（つまり、養育者の機嫌次第で反応がころころ変わるような環境）で育った子どもは、人の顔色をうかがうようになります。顔色しか判断の基準がないからです。人の顔色をうかがってばかりだと、自己肯定感は低くなってしまいます。自分という存在に安定した感覚を持つことができず、すべては相手次第、ということになってしまうからです。

また、どこまで自分を守ってくれるのか、人を試したりするようにもなります。本当は好きなのに、わざと相手を困らせて、どこまで本気で助けてくれるのかを試すのです。「人を振り回す」という印象を与える人には、このような不安定な愛着が見られることも多いものです。

「母親的役割」の人が全く助けてくれない、という環境で育つ子どももいます。いわゆるネグレクトはこれに当たります。そういう子どもは、「他人は自分を助けてくれる」「他人は信頼に足る」という概念を全く持たずに育ちます。あらゆる問題は自分一人で解決しなければならない、という前提で生きているので、必要なときに人に頼ったり相談したりすることもできなくなるのです。

「愛着」の観点から見ると、結婚には有効な部分もあると思います。結婚は、民法による「貞操義務」などを伴いますから、相手は自分を裏切らないと社会的に宣言している、そしてもしも相手が自分を裏切ったときには訴え出ることができる、と言うことができます。訴え出たからといってもちろん自分の心が癒されるわけではないのですが、そういう「担保」があると、ある程度の安心を得ることができます。

相手が自分を裏切るのではないか、などという不安定な愛着を持つ人にとっては、ささやかな歯止めにはなるでしょう。自分からパートナーを奪い取ろうとしている人にとっても(そんな人がいれば、ですが)、「でも結婚している人だから」というのは、それなりの歯止めになるものです。

ちなみに、不倫関係は、必ず誰かを不幸にする、という意味で私は全く勧めていません。患者さんの中には不倫関係にある人もいるのですが、よくよく話を聴いてみると、「自分を大切にしていない」という要素が特に目立ちます。不倫は、「決して自分が一番大切にはされない関係」と言えるからです。本来はもっとよい扱いに値するのにそう思えていない人が多いです。

不倫は、裏切られた配偶者を傷つけるだけでなく、不倫関係に陥《おちい》った側にとっても自虐的でしかない、と言えるのではないでしょうか。

(水島)

第4章

パートナーがいなくても。

そもそも
パートナーがいない人
あのっ私
おやつを持って
来たので
食べませんか？
サッ
キットカット
わー
美味しい
ピスタチオ味
美味しい
バター味
空港限定
の商品
なんです
それで
私
ずっと気に
なってたん
ですが
そもそも
結婚相手やパートナーの
いない人は どうしたら
いいんでしょうか？

ジーさん
ハイッぁ
そうですよね
僕なんか
離婚した相手を
パートナーなんて
ちょっと
おかしい
ですよね
そうじゃなくて
ゴミをポケットに
入れなくて
いいですよ
ゴミ箱に
入れます
から
あ…
スミマセン
そうなん
ですよね
今
パートナーがいる人は
その人との関係性を
これから大事に
しましょうねって
言えるんですけど
今
パートナーがいない
って人はたくさん
いるわけです
よね

私の周りも何人かいます
そういう人たちはどうしたら…
あのっ
僕は離婚してみて
パートナーって何だろうって考えてたんですけど
夫婦
基本的にはこの形が一番わかりやすいパートナー関係で
恋人
その次がこの関係性で
でもこんなパートナー関係があってもいいんじゃないかって思ったんです
しゅみが同じ人
話が合う人
相談できる人

あるいはもう
しゅみ
そのものがパートナーだって言い切っちゃうのもいいんじゃないかって
なるほど
あーー
本当に自分が好きだったり愛着のあるものが側《そば》にあると
それは自分を支えてくれますしパートナーなんじゃないかなって
そうやってパートナーを結婚相手や恋人に限定しないのは
考え方が広がっていいかもしれませんね

パートナーとしてのペット
そういう意味では
ペットはパートナーになりますよね
ああそうかも
犬は律儀
ご主人様お仕え度がすごい
短い言葉は理解するけど何も話さないで聞いてくれるだけ
よりそい感充分！
患者さんの中には犬をパートナーにしてる人が結構います
私もべったりするのが好きなので犬がいいです

僕は猫派です
気ままな時に
やってきて
嫌な時は
「お前近づくな」
って感じがして
いいです
気ままに過ごしたい僕には
猫が合ってるなって思います
私はイグアナを飼ってましたが自分の息子だと思ってました
その子がいた時は自分の支えになってました
イグアナ!!
イグアナ!!
さすがクイーン
イグちゃん
イグアナは毛のない猫のようだ
と聞いてから 今は猫を飼いたいです

パートナーの社会化と求める気持ち
それと私は…
ある程度の歳になったらパートナーが社会化していいと思っているんです
社会化って
どういう感じですか？
うんそれがね
一日ワークショップをやった時参加者が愛《いと》おしくなる
具体的なパートナーがいなくても寂しくないと思えるんですよ

ハア…
……
でもそれじゃきっと浅いような気がします
浅い…
もう少し説明してもらえますか？トモコさんもワークショップやっていますものね
最近70歳とか80歳で結婚してる人たちいますよね
人間の本能にそうやって社会の中に入っても気に入った人を見つけてこの人と一対一になりたいとかあるんじゃないかなぁって…

私も それで 思い出した ことがあって
私 大学生の時 一人でヨーロッパ旅行 したんですけど
つまらなかった んですよ
ハァ
どう つまらなかったかっていうと
自分がすごく
あっ!!
って感動した時に
それを一緒に共有 してくれる人が いなかったんです
大学時代の水島先生

その時 人は誰かに話すことによって
自分の体験を自分の中に染み込ませてるんだってわかったんです
水島先生のおっしゃること
すごくよくわかります!!
何人かで集まればそれなりの温かい空間にいられる
あ これでいい
って一瞬思っても
その中で同じような年代でカップルが生まれたら
やっぱり自分もそっち側にいきたいって思うような気がするんですよ

何でしょう？
それは
広い意味の
愛になるんじゃ
ないでしょうか
社会化も大切
ですけど
やっぱり
パートナーを
求めてしまう
んですよ
だけど パートナーが
できたから
満足できるかって
いうと そうじゃない
その満足できない
部分が命を持った
人間としての性《さが》じゃ
ないでしょうか
私の友だちに
独身の女性が
何人かいるん
ですけど
その人たち
すごくステキなのに
年齢がいってるから
もう自分は
恋愛は引退だと
言ってるんです

独身の仲間としてはあきらめて欲しくないいんです!!
あきらめないでパートナーを求め続けることがその人の魅力になると思うんです
何ていうのかなそのあきらめない感じが生きる…
希望ですか?
そう!!そんな感じ
恋人がいるいないじゃなくて
求め続ける
それがその人を輝かせてる感じがするんですよ
パートナーを求め続けることが
その人を輝かせるかあ…

COLUMN 8
コラム

パートナーの社会化

結婚したての頃は「べったり」でも、歳を重ねるにつれ、パートナーはパートナーとして、それ以外の人にどんどん心を開いていく人は多く見られますね。

あるいは、若い頃は「結婚したい」という気持ちが強かったけれども、歳をとってくると結婚していない自分を受け入れられるようになる人も多いです。

これらはきっと自然な現象なのだと思います。歳を重ねるということは、人についてより多くを知っていくということ。自分も含めて、いろいろな人の事情に心を開いていくということなのではないでしょうか。

そんな中で、若い頃よりも多くの人を愛おしく思える。ある特定の一人の人だけではなく、いろいろな人の話を聴いたり相談したりできるようになる。あるいは、何かを大切にしている人そのものを大切に思える。これが、「パートナーの社会化」と呼べるものなのではないかと思います。

また、自分のあり方についてもそ

れでよいと思える。これは、自分が自分のパートナーになれるということですね。

なお、「若い女性の海外一人旅」という、それなりにリスクのある特殊な環境下では「自分と一緒に感動を分かち合える特定の誰か」を求めた私も、歳をとった今では、「すごいですよね！」などと、その場にいる無関係な人に平気で話しかけたりするようになりました。そして共感し合えると十分満足します。そんなときの自分は、「自分と一緒に感動を分かち合える特定の誰か」を求める気持ちなど全く持ちません。

リスクがあって、若さもあって、という状況と比べてみれば、それだけ人に対して安全を感じ、心を開けるようになった、ということなのではないかと思います。また、もしも共感してもらえなかったり、無視されたりしても、「まあ人それぞれ」と思えるようになった、ということも大きいです。

これらが、歳を重ねることのメリットなのではないかと思います。

自分に特定のパートナーがいるかどうかではなく、自分も含めて、人という存在を愛せるようになる。

そんなふうに歳を重ねたいですね。

（水島）

片思い
あの それじゃ 片思いって どうなんでしょうか
私の周りには宝塚歌劇ファンが何人もいて片思いをしています
うん 片思い
片思いっていいですよ
何となく ワクワクするし 自分を動かす エネルギーにもなるし 寂しさを解消する 術《すべ》にもなります
何より 片思いって いつまでも 続けられる んですよね
相手の本性を見ることはないから

だからさっきのトモコさんの「あきらめたくない」につながるけど
女性としては片思い的なキラキラしたところを持っていられたら
毎日キレイでいようと努力するし心も満たされるのだと思います
男性もそう思うかも…
片思いは成就しないところも魅力です
ずーっとアコガレ
だから片思いっていうのはすごく身体にいいんですよ
生きる希望につながりますよね
うんうん
そうかー

片思いの延長線
私の周りの タカラヅカファンは 一生片思いで 構わないタイプだと 思うんですけど
たいていの人は 誰かを好きになって 片思いから始まって
この人のパートナーに なりたい
って思うじゃないですか
パートナーを 作ることって
片思いの 延長線上に あるような 気がするん ですけど…
うん それは 自分がどうしたいか？ ってことだと思います
ずっと 片思いのままで ときめいていたいのか
現実的なわずらわしさや 失うことの怖れを 引き受けてでも パートナーになりたいのか

あー
実際パートナーってわずらわしいことも多いですもんね
…
ガッテン
また私の知り合いの話になってしまうんですけど
何かにつけて
私はひとりぼっちで不幸
あなたみたいに恋人のいる人に私の気持ちはわからない！
って言うんですけど
その人には私と彼のわずらわしいところは見えてないじゃないですか
そうですね
「パートナーが欲しい」って思いつめてしまうとそれがゴールになってしまうから
それも結局は一つの人間関係だってわかりにくいかもしれませんね
―

現実的に
パートナーがいると
日常生活のやり方
だったり
性格が違ったり
面倒なこと
不愉快なこと
わずらわしいこと
不安なこと
いっぱい
ありますよね
ハイ
そういうことを
全部
引き受けても
この人が
自分の支えに
なるって
思えたら

片思いを成就させて
その人をパートナーにしたら
いいんじゃないでしょうか
お互い
全部
引きうけます

パートナーを失う衝撃
何か
でも…
本当に正直に
言ってしまいますと
さっきのトモコさんの
お知り合いの方の
気持ちは少し
わかるんです
わずらわしいことを
引き受けながらも
うまくいってる人たち
はたくさんいるじゃ
ないですか
そういう人たちは
お互いの自由を
認め合って
楽しんでる感じが
するんです
そういうのが
羨ましいって
思ったりして…

それはですね
普段はあんまり
そんなの気にしないで
生きてるのに
何かに気づいてしまった
衝撃なんですよね
衝撃…
ジーさんの場合は
普通に
結婚生活を
送っていたのに
離婚という
衝撃に
出会ってしまったので
リコン
今まで気にして
なかったことが
気になるように
なったんじゃない
でしょうか

ああ…それで急に周りが良く見えちゃったりしてるのかな…
ハハハ
離婚はすごく衝撃的なことだと思いますよ
ジーさんの場合のようにどれだけお互いが納得してたとしても
人はネガティブな衝撃を受けると自信をなくします
もう自分はこの先ずっと孤独だ
自分がダメだからこうなったんだ
周りは何だかんだ配偶者の文句を言いながらも家庭を維持してるそれなのに自分はひとりぼっちになっちゃった…みたいに

ネガティブな衝撃を受けると孤独になって負のループにハマリやすいです
でも衝撃を受けたらしんどくなるのは当たり前
足の小指をぶつけたのと同じで しばらくは痛い
でもその痛みはそれだけ強い衝撃を受けたから
足の小指をぶつけて何もなかったようにふるまえませんよね
ハイ しばらく動けないと思います
心が衝撃を受けても同じように痛くて当然なんです

その衝撃から早く抜け出す方法はあるんでしょうか
それはですね
日常生活を取り戻すことです
日常…
生活…
ジーさんの場合だったら
離婚した
衝撃を受ける
しばらくつらいしんどい
そして日常に妻はいない

でも
よく考えてみて
会社に行く
ご飯食べる
掃除する
洗濯する
お風呂に入る
寝る
起きる
日常の全てを
妻に依存してきた
わけじゃないでしょ
あっ
ハイ
自分の日常生活が
ちゃんとあったわけだから
いなくなった
妻のことは
さておき
自分の
日常生活を
取り戻しましょう

日常を取り戻せると
自分の好きなことできる
自分の食べたいもの食べられる
全てを自分中心に決められる
意外とひとりも気ままでいいんだなと気づいて
孤独の良さも
感じられるようになります

全てをパートナーに依存してたわけじゃないっていうのはその通りなので
それを思うとすごく楽です
じーん
僕も日常を取り戻して
孤独の良さを感じられるようにします!!
死別の場合は
「日常を取り戻す」ことと
「亡くなった人のことを知ってる人と一緒に話す」
ことをしましょう
その人はただ死んだ人じゃなくてこれだけ生きた人なんだっていうバランス感覚を取り戻しましょう

COLUMN 9
コラム

失う衝撃と日常の大切さ

　人間にとって、実はあらゆる変化がストレスになります。社会的に見てポジティブな変化であっても、です。人間は生き物なので、「同じように生きる」ようにできているからです。実際、小さな変化については、心身がうまくバランスをとってくれていますね。

　ネガティブな変化の場合、さらにそれが予期していなかったことの場合、人は衝撃を受けます。それは、傷つく、ということでもあります。

　衝撃を受けた人間は、もちろん、その再発を防ごうと働きます。つまり、「なぜ自分はこんな衝撃を受けたのか」というところを深追いしてしまうのです。自分は人間として足りなかったのではないか、人生をどこかで間違えてしまったのではないか、などという思いが当然のように出てきて、自虐的になります。

　しかし、実のところ、それは「衝撃を受けた」ということにすぎないのです。衝撃を受けたときには出てくる当然のパターンであり、それ以上のものではないのです。

　私は精神科医として、究極の衝撃を受けたPTSD（心的外傷後ストレス障害）の人を多く診ていますが、重要な部分は同じです。大切なのは、日常を取り戻す、ということなのです。

自分がそれまでの人生をどう歩んでいたか。自分は何を好み、何を嫌がっていたか。何を大切にしていたか。そういうことを振り返り、できる範囲でそれまで通りの日常を取り戻すことは、回復に確実につながります。

全部がだめになった、と感じるときでも、実際はそうでもないのです。

そして、取り戻したいのは「過去」ではなく、「まあ、何とかなるだろう」と思える自分なのです。そのためには、平凡にすら感じられる自分の日常がとても大切です。朝起きる。朝食を食べる（食べない人はそれでOK）。仕事に行く（他の活動でもOK）。人と接する（苦手でもOK）。帰ってくる（在宅の人は、プライベートタイムに入る、でOK）。夕食をとる（きちんとした夕食でなくても、自分の日常であればOK）。入浴する（毎日でない人はそれでもOK。シャワーのみの人も、それでOK）。寝る。

そんなふうな日常を思い出し、それを復活させれば、ずいぶん安定します。

なぜ衝撃に対して日常が有効なのか？　それは、人間にとって何であれ変化がストレス、ということを考えればわかると思います。日常を取り戻すことによって、変化していない自分を感じることができれば、力が湧いてくるのです。

自虐的なダメ出しをやめて、日常を取り戻す。まずはそこから始めましょう。

（水島）

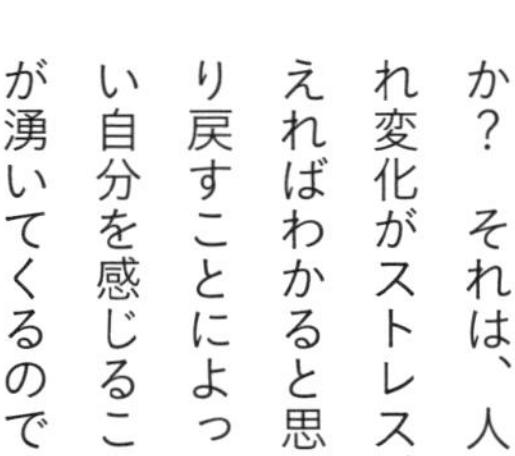

パートナーがいないと寂しい？
さっきの衝撃の話ですけど
誰かに恋人ができたり誰かが結婚したとか
そういうのに衝撃を受けることもあるんですか？
はいそういうのも衝撃になりますね
その時
もっと婚活しなきゃ
とか
どうして私はダメなの？
とか
思っちゃうと沸騰した熱いヤカンに自分の手を押しつけるのと同じです
しゅー
あち～
衝撃を受けたら
早く日常を取り戻す
だけど一般的に「ひとりは寂しい」って思われてないですか？

「いつまでも独身でいると寂しい人」って世間的に言われてるような気がするんです
「寂しい」っていうのはパートナーと関係ないことが多いです
あ・そうなんですか
「寂しい」は不安定な愛着の人もともと寂しがりの性質の人が強く感じます
そういう人はみんなにパートナーがいて自分だけいない状況だと
自分はパートナーがいないから寂しいんだ
と思ってしまう
パートナーがいてもパートナーが思い通りに動いてくれないと寂しがりの人は寂しさを感じます
ふーん

結婚マウンティングの社会
今 世間の話が出たので…
私 今日ここに来る途中「はっ」と気づいたことがあったんです
それは私の知り合いに
ものすごく自分にパートナーがいないことを気にしてる人がいるんですけど
どうしてそんなにパートナーに執着しちゃうんだろうと考えたら
マウンティングの社会に生きてるからだと思うんです

だから
ペットと一緒に
楽しく暮らしてても
趣味の合う人たちと
楽しく暮らしてても
パートナーがいないってことで
マウンティングにさらされるって
つらいことだと思うんですよ

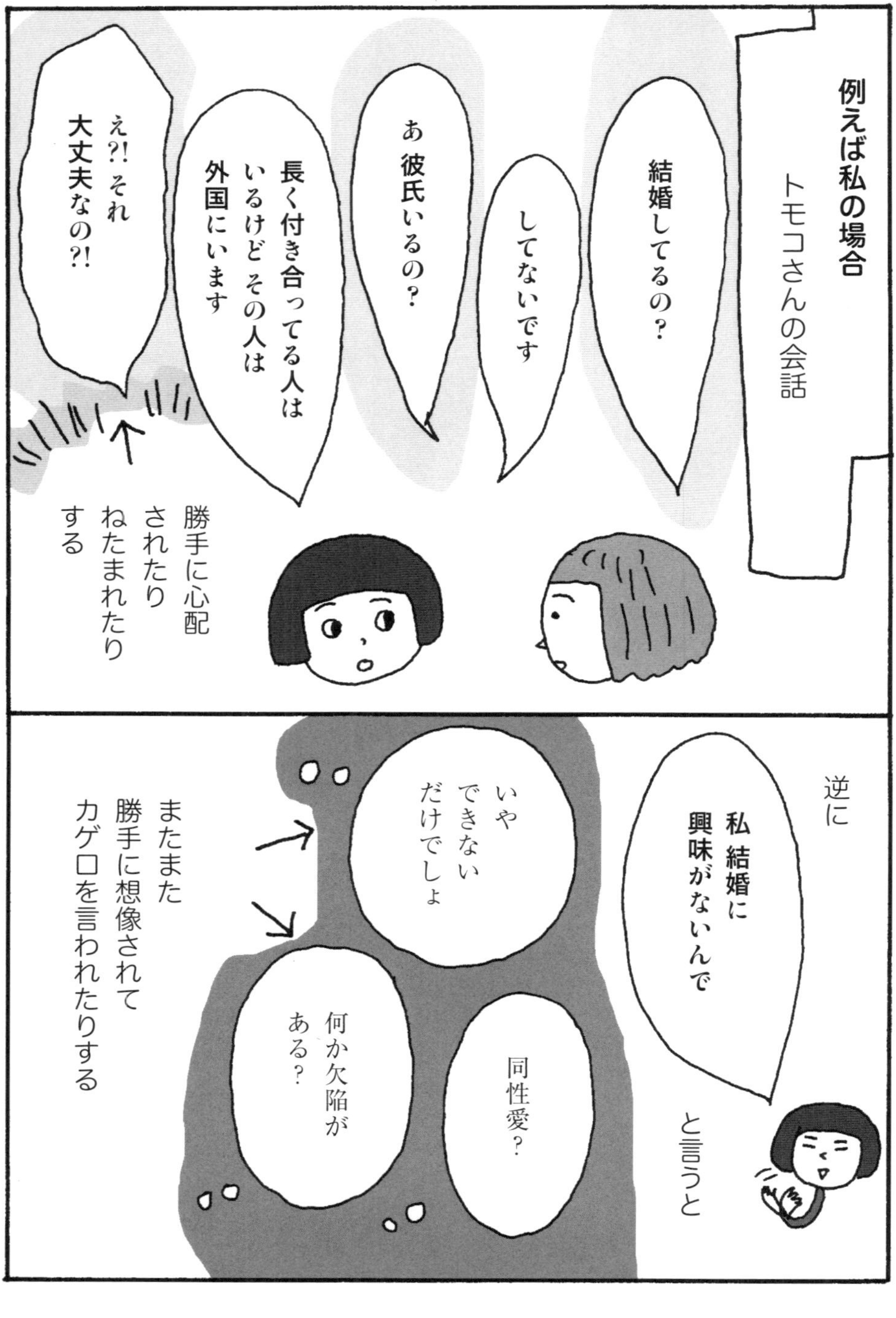
例えば私の場合
トモコさんの会話
結婚してるの？
してないです
あ彼氏いるの？
長く付き合ってる人はいるけど その人は外国にいます
え?! それ大丈夫なの?!
勝手に心配されたりねたまれたりする
逆に
私結婚に興味がないんで
と言うと
いや できないだけでしょ
何か欠陥がある？
同性愛？
またまた勝手に想像されてカゲ口を言われたりする

「結婚してない」ってだけでいろんなこと言われるんです
自分が世間から外れたパターンの生き方だから
差別されるんです!!
例えばセクシュアル・マイノリティの人は少しずつだけど認められつつある
少数派だけど今までよりは何とか知られるようになってきている
だけど私みたいな人は
この本が出ても買えないのかな？って気持ちになっちゃう

私は ここにすら
入れないマイノリティに
なっちゃうのかなって
この本は
パートナーがいる人も
いない人も
いろんなパターンの
パートナーの人も
みんなを救ってあげたいって
いう本だと思うけど
その中にすら入れないんじゃ
ないかって
でも 私みたいな
比較的少数派も
救うとしたら
どんな本に
なるのかな?って
考えてみました

どうですか？
それは…
私が漠然と
思ってるのは…
何かこう
言葉にすると
くさいんです
けど
自分が一番
自分のパートナーに
なってあげる

みたいな…
そういう自分に対する信頼感…
それは自己肯定感だと思うんですけど
それを大事にすることがいいのかなあと
自分に対する信頼感があれば
ひとりぼっちだとしても
ステキに見えると思うんです

きっとパートナーに執着しちゃってる知り合いも
自分が一番恵まれていない!!
って思ってるから寂しそうに見られちゃうんだと思います
その人もいいところがいっぱいあるんだから
自分のいいところに気がついて
私自身が私のパートナー
そんなつもりで堂々と生きればいいんですよ

COLUMN 10
コラム

自分がパートナー ～自己肯定感について～

ここまでにもお話ししてきましたが、「自虐」は案外重大な問題です。

生きづらさを感じている人の多くが、実は誰よりも自分自身が自分を認めていないのです。

「人はこんな自分をダメだと思うだろう」と思うときの「人」は、案外自分だけだという場合も多いのです。

他人の事情を受け入れることはできても、自分は例外。そんなふうに思っている人は多いのではないのでしょうか。自分は努力が足りない、と思っている人は、患者さんにも多く見られます。しかし、私から見れば、その人たちは努力しすぎたせいで病気になっているのです。

自分の事情を誰よりもよく知り、わかってあげられるのは自分自身です。

自分は何をもって生まれてきたか。自分はどんなふうに育てられたか。自分はどんな人たちから影響を受けたか。自分はどんな体験をしてきたか。

それらをわかってあげられるのは自分しかいません。

「こんな事情を抱えながら、よく頑張って生きてきたな」と思えれば、自己肯定感も上がると思います。

そしてそう思える自分こそが、

「自分のパートナー」と言えるのではないでしょうか。「自分自身のパートナー」として自分の事情を踏まえながら、自分をいたわり、大切にしていけるのです。

それを阻むのは、自分に対する「べき」だけです。人間なのだからこうするべき。大人になったのだからこうするべき。この立場においてはこうするべき。

「べき」は人を虐待し、人を幸せから遠ざけます。

同じく善良な行為をするのであっても、それが「べき」に基づくのか、「したい」に基づくのかでは大きな違いがあります。

「べき」に基づく場合は、そこに幸せ感がありません。単に、やるべきことをやった、というだけです。「何とかできた」と、ふう、と息をつく感じです。

しかし、「したい」に基づく場合は、幸せを感じることができます。自分がしたいことをできたのですから。嬉しいですよね。

人間として生まれたからには、幸せに生きたいものです。

また、自分に厳しい人は、よくよく見ると他人にも厳しいものです。他人に「べき」を強いてしまうのです。そして、そうできない他人に対してイライラしたりして、ストレスを感じてしまうのです。

ですから、自己肯定感が上がれば、結果として、様々な事情を抱えている他人にも優しくなれるのではないでしょうか。ますます幸せな人生になりますね。

（水島）

パートナーズ
自分が自分のパートナーになるっていいですね
私も今思いついたんですけど
その人の一番自分と合う部分を取り出して
数を増やしていって
「私にはパートナーズがいます」っていうのどうですか？

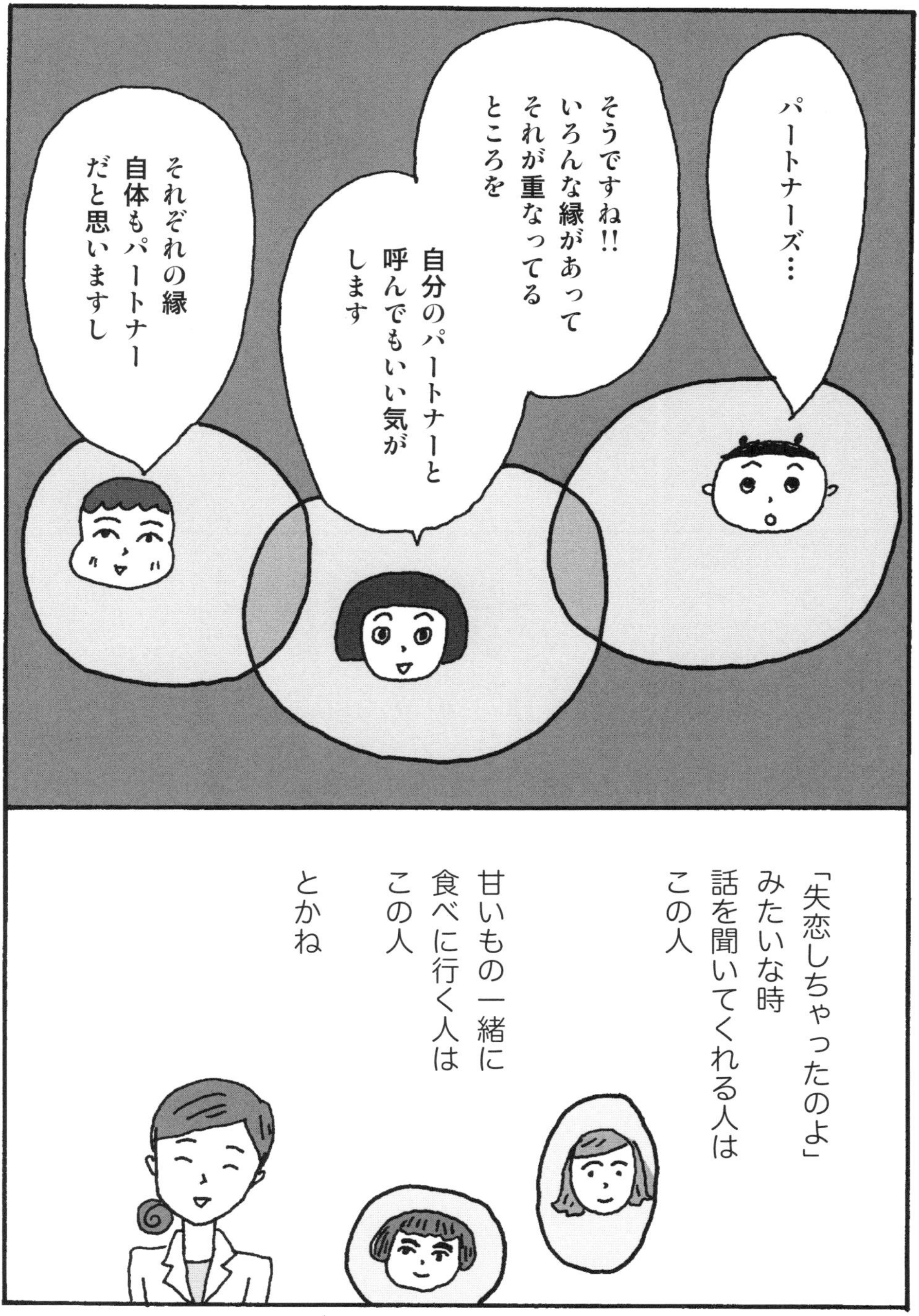
パートナーズ…
そうですね!!
いろんな縁があって
それが重なってる
ところを
自分のパートナーと
呼んでもいい気が
します
それぞれの縁
自体もパートナー
だと思いますし
「失恋しちゃったのよ」
みたいな時
話を聞いてくれる人は
この人
甘いもの一緒に
食べに行く人は
この人
とかね

パートナーズ
いい言葉ですね
僕の
パートナーズ
どれかひとつが
ダメになっても
他のパートナーズが
いますし
そういう考え方は
すごく安らぐというか
逃げ場所があると
いうか…
でパートナーズは
排他的ではないから
新しいのも
増やせるんですよ
いわゆる
パートナーは
新しいの増やせない
じゃないですか
今までの私の
パートナーズは
この辺弱かったから
ちょっと補強してみた
みたいなことも
できるし…
そういえば

例えば私の患者さんは
困った時には
私のような
医者を
パートナーにして
そうでない時は
普通に家族や
趣味をパートナーにして…
家族
患者さん
趣味
医者
そんなふうに
きっと日常で
使い分けて
ウンウン
いそう
パートナーズを
作ってる人って
いますよね
人にはそれぞれ
相性とか
合う部分とか
あるので
この人とは どこか
自分とパートナーズに
なれそうかなって
立ち止まって見てみると
発見があるかも
しれないですね

ひとりとパートナー
パートナーと一緒に生きていくということは
二つの文化を折り合わせること
何かける？
しょうゆ
目玉焼き
ソース
二つの文化が折り合って自分たちの文化を作る
ソースか
しょうゆか
どっちかをどっちかの色で染めるんじゃなくて
ソースに決まってるでしょ!!
えっしょうゆでしょ!!
それぞれの文化を持ち寄った人たちが
じゃ
間を採る？
そーねえ
その知恵を利用して新しい文化を作る
塩・コショウにした

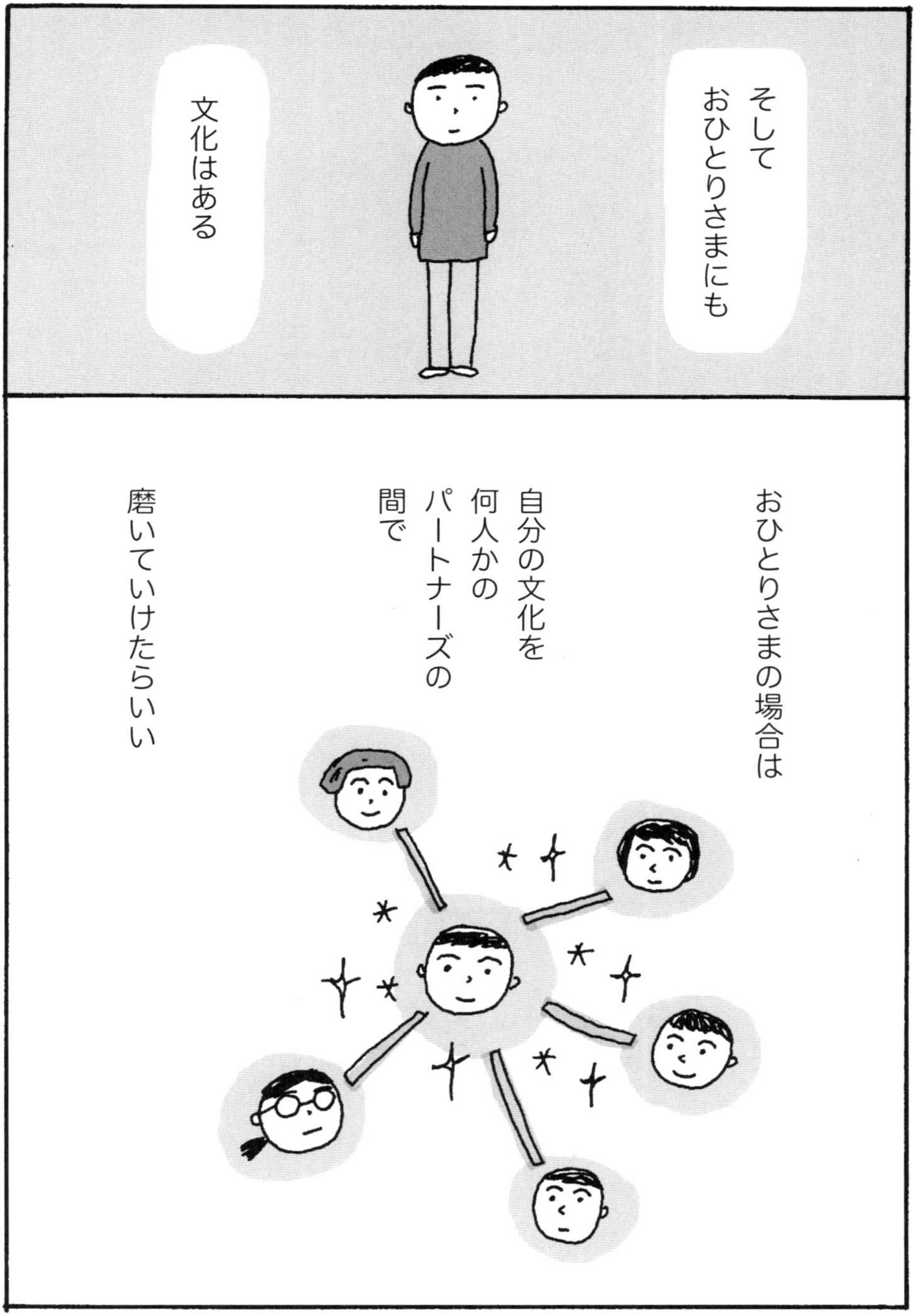
そして
おひとりさまにも
文化はある
おひとりさまの場合は
自分の文化を
何人かの
パートナーズの
間で
磨いていけたらいい

ひとりで生きていける
＝
ひとりでも生きられるし
相手がたまたまいるのなら
二人でも生きられるってこと

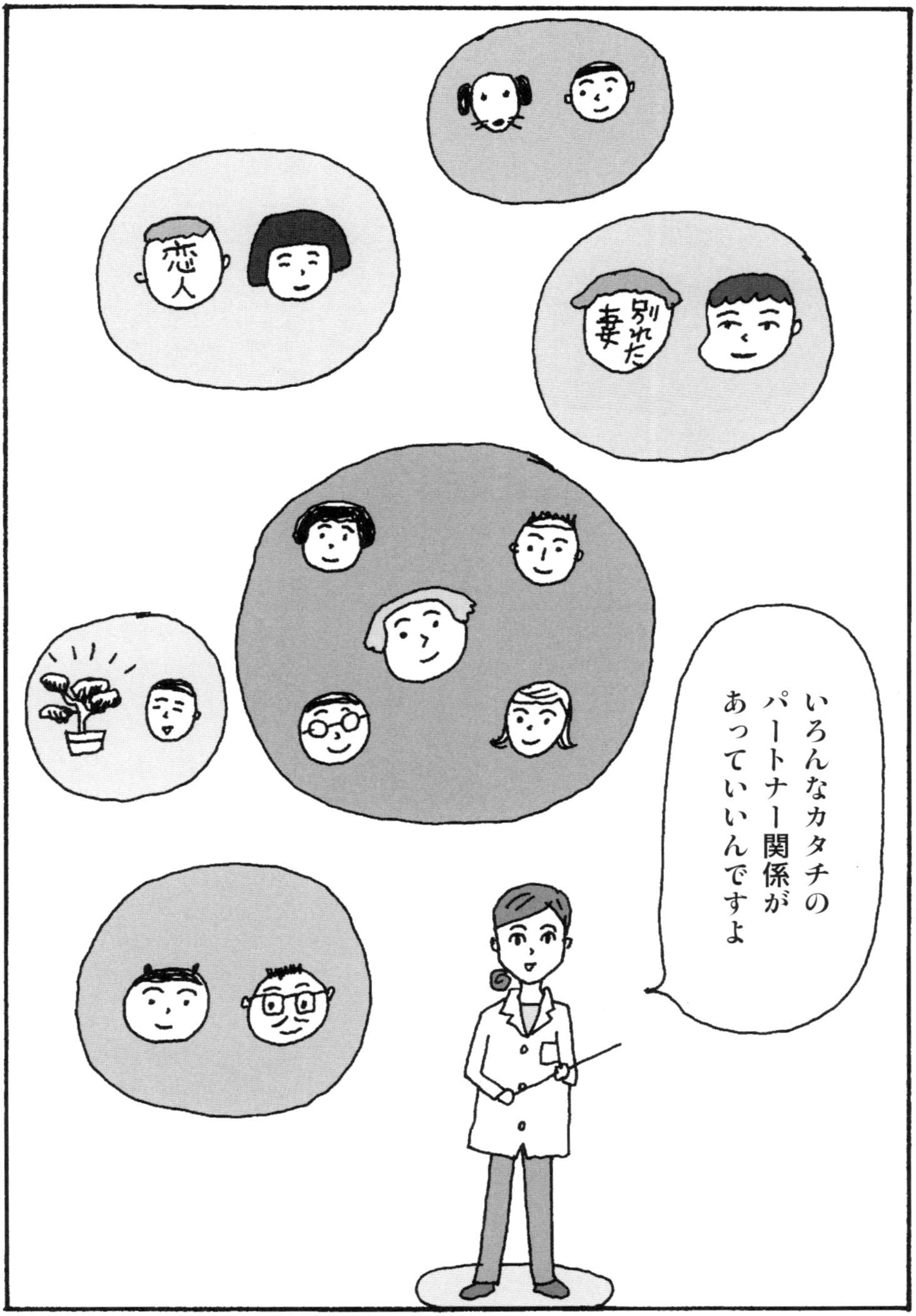

恋人
別れた妻
いろんなカタチのパートナー関係があっていいんですよ

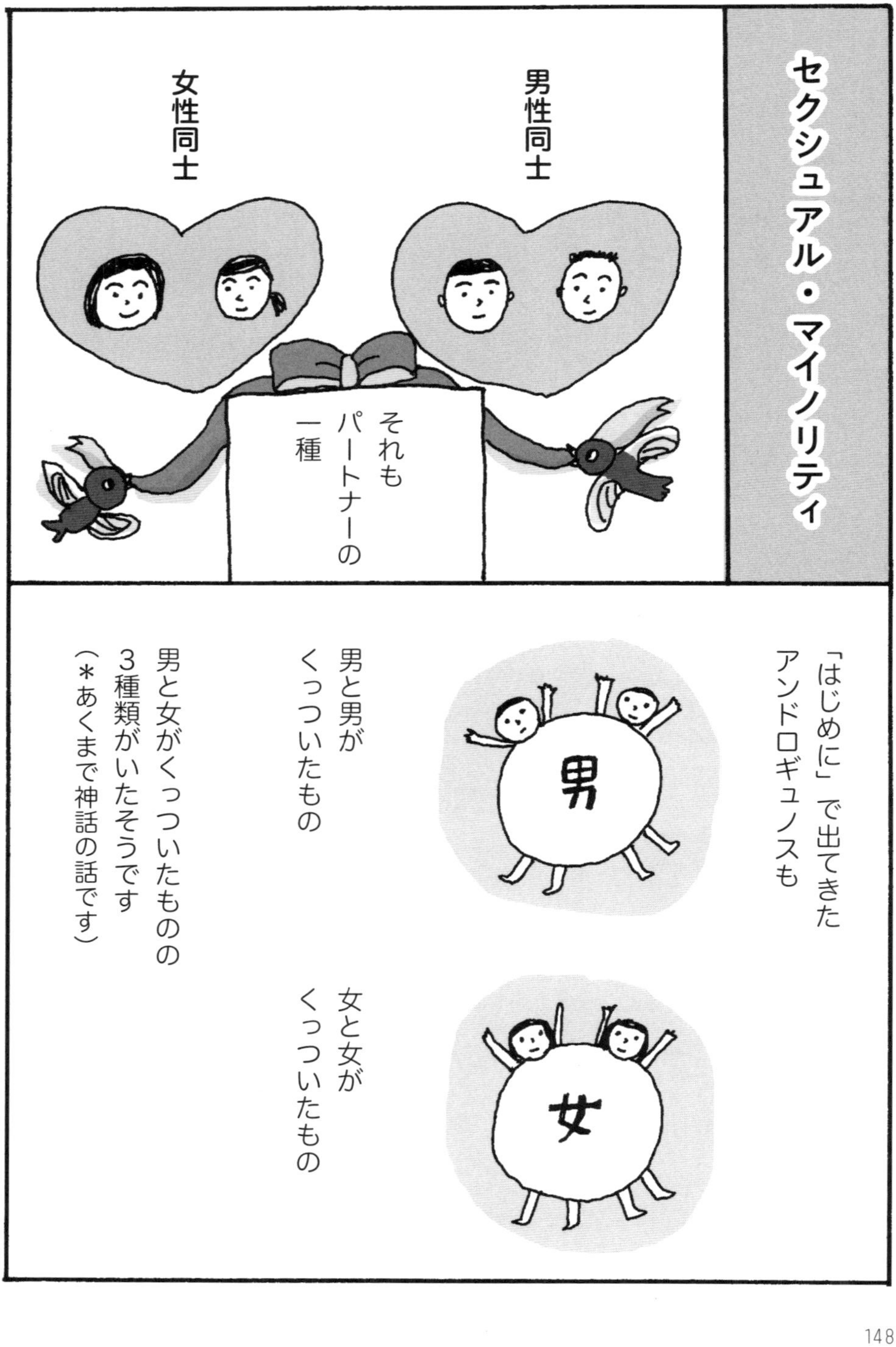
セクシュアル・マイノリティ
男性同士
女性同士
それも
パートナーの
一種
「はじめに」で出てきた
アンドロギュノスも
男
女
男と男が
くっついたもの
女と女が
くっついたもの
男と女がくっついたものの
3種類がいたそうです
（＊あくまで神話の話です）

人には「人を好きになる」という欲求が備わってる
誰が誰を好きになるかはその人が決めること
お互いが認め合える仲であれば そこに性別や国籍もあまり関係ない
本当に好きなものを求めることが生きる希望やその人のキラキラになってる
みんなが人を好きになる自由や楽しさを認められたらいいですね

COLUMN 11
コラム

ひとりでも、ふたりでも、だれとでも。

結局人間は、自分の心のあり方にしか責任を持てないのだと私は思っています。

他人を変えることはできない。また、自分が生き物として、何かに感情的に反応することも抑えることはできない。怒りを感じるときは感じるし、悲しみを感じるときは感じる。そういうことは、自分を守るために、生き物としての自分に備わった特徴です。

しかし、「こう生きていきたい」という思いは、自分だけが責任を持てるものです。そして、それは「べき」ではなく「したい」なのです。それについてはコラム10でお話ししました。

パートナーと呼べる存在に出会えるかどうかは運次第。そして、そのパートナーとどんな関係になるのかも、ある程度相手次第です（DVなど、本当に予測できないときがありますよね）。これらは自分ではどうしようもないこと、と言うこともできます。

でも、どんな「運」であっても、「こう生きていきたい」と思うことはできます。

人にはそれぞれの事情があるということを受け入れていきたい。そして、何よりも、自分にも事情があることを受け入れていきたい。

こういうことは、他人に任せられることではなく、自分自身が引き受けていかなければならないことです。

自分の心のあり方さえ決めれば、生きることはずいぶん楽になるはずです。

特定のパートナーがいない人生でも、例えばコンビニで少額の匿名寄付をするだけで、どこかで困っている子どもたちとのつながりを感じることができる。公園のベンチに座っていても、孤独を感じるのではなく、遊んでいる子どもたちから力をもらうことができる。そんなふうに、自分の生き方を自分で決められるのです。

特定のパートナーがいても、もちろんポジティブなことばかりではありません。自分が相手にどういう期待をするのか。そして相手はどういう形でそれに応えられるのか。あるいは、応えられないのか。

こうやって考えてみると、人生には実に様々なあり方があって、「これが一番」という結論など誰にも出せないことがわかります。つまり、パートナーシップの「形」は、実に多様なのです。

ただ、「これが一番」という「形」を超えて、「心のあり方」を自分で決めることだけはできます。

「形」は、ひとりでも、ふたりでも、誰とでも。そしてそんな中で、自分の事情や相手の事情を尊重していく。誰よりも自分のパートナーになっていく。それが目指すところではないかと思います。

（水島）

発見したこと
友だちから聞いて衝撃を受けたセリフ
私 世の中で一番 夫がキライなのよ
その時は
一番近くにいる人を 一番キライだなんて…
えっ
そんなふうに驚いた私ですが
これを認識する
重要な他者
これとのコミュニケーションがうまくいかないとどんな人間関係も悪くなる
これにはすごく影響を受ける
ということがわかったので

とりあえず夫を「重要な他者」と認めてからキライになるならいいのかもな
と思いました
それから今は関係が悪くても
仲良くなりたいと思ったらちゃんとコミュニケーションを取るようにすれば仲良くなれるのかも
と思いました
コミュニケーションが苦手な人にこそ「対人関係療法」は役に立つ!!
今日 発見したこと
ジーさん
トモコさん
私
3人それぞれにパートナーの形がある

ということは
世の中にいる人の数だけ
違う形の重要な他者や
パートナーがいる（はず）

私たち ごくフツーの
パートナー です
私たち ごくフツーの
パートナーです
私たち ごくフツーの
パートナーです
私たち ごくフツーの
パートナーズ です
こんなふうに それぞれ
好きな人や ものと 自由に 楽しく パートナー関係を 作れたら ステキ!!

そうすることで
自分がポカポカした気持ちで
自由を感じられるようになれば
パートナーや周りとも
あたたかく自由な関係を
きっと築ける

とりあえず 私は
日常生活を大事にして
重要な他者とのコミュニケーションをしっかり取る
そして今後の目標としては
いつかひとりでも生きていけるように
料理をパートナーズにしたいです
(習いたい)
ゴハンができるのを待ってる
ジュー
ジュー

おわりに
細川貂々

今回パートナーの本を描いてみて、私にはツレ（夫）の他にどんなパートナーがいるか考えてみました。

ひとりはツレと同じくらいのおつきあいのある友だち歴29年のぐーすさんです。ぐーすさんは私の初期の頃のコミックエッセイにたびたび登場していたので知っている人はいらっしゃると思います（時々、ぐーすさんのファンです、という声も聞きます）。ぐーすさんとはツレと同じセツ・モードセミナーで知り合いました。ここ13年くらいは毎日その日に何が起きたか何を考えたかをメールのやり取りをしているので、お互いの夫よりも何をして何を考えてるか知っている仲かもしれません。ぐーすさんとは月に1回程度会ってお話しもしています。友だちというよりは家族みたいな感じがしていて、パートナーかなあっていう感じがします。心の支えになってくれています。

ふたつめは目薬壜《びん》です。目薬壜は明治10年頃〜昭和30年代まではガラス製でした。現在は３００個くらい持っています。他の人から見たら「なにそれ、全然役に立たない不燃ゴミじゃないか」と思うかもしれませんが、私にとっては所有してるだけで心が満たされるパートナー（たくさんあるからパートナーズ？）なのではないかと思ってます。

どうしてなのかはわかりませんが私は目薬壜にすごく心を惹かれるのです。特に両口式点眼壜は他の壜には無い独特な形をしているので、初めて見た時に素敵な宝物のように見えました。骨董市で宝探しをするように自分のアンテナを張って集中しながら探し回って買うのが大好きでした。

目薬壜に興味を持つことで、骨董市で知り合いが増えたりして、私に人間関係の輪をつなげてくれるアイテムのひとつでもありました。

みっつめは本です。本は私に知らないことを教えてくれるし、好きな世界を見せてくれるし、心を落ち着かせたりもしてくれます。本に囲まれてると「この本がいつでも私を助けてくれる」と感じて安心します。なので本棚に並んでる本をジーッと眺めている時間も大好きです。

何より、本を作ることを仕事にしている私は本を通して驚くくらいたくさんの人と関わってつながらせてもらうことが出来ています。本はスゴイなあと思います。

そんなこんなで、一番重要なパートナーは夫であるツレかもしれませんが、私はその他のパートナーたちにも支えられて生きているのだなあって、この本を描いて思ったのでした。

他にも一緒に夢の世界を共有してくれてる宝塚歌劇ファンのパートナーズ、自分の人間関係を鍛えてくれてるＰＴＡ関連のパートナーズ、いつも楽しくイベントで助けてくれる図書館のみなさんというパートナーズ。

そんなふうに自分がつながってる人たちや物をパートナーにしていけたら、もっと安心して自信を持って生きていけるのかなあって思いました。

細川貂々

細川貂々

ほそかわ・てんてん

1969年生まれ。セツ・モードセミナー出身。漫画家・イラストレーター。1996年、集英社『ぶ～けDX』にてデビュー。パートナーの闘病を描いたコミックエッセイ『ツレがうつになりまして。』『イグアナの嫁』シリーズ（幻冬舎）は映画化、ドラマ化もされた著作。男親中心の育児を描いた『ツレパパ』シリーズ（朝日新聞出版）、自身の職業遍歴を描いた『どーすんの？私』シリーズ（小学館）なども出版。上方落語や宝塚歌劇が好きで、それらについての著作もある。近著は自身の生きづらさとべてるの家などの取材を取り上げた『生きづらいでしたか？ 私の苦労と付き合う当事者研究入門』（平凡社）を上梓している。

水島広子

みずしま・ひろこ

慶應義塾大学医学部卒業・同大学院修了（医学博士）。慶應義塾大学医学部精神神経科勤務を経て、2000年6月～2005年8月、衆議院議員として児童虐待防止法の抜本改正などに取り組む。1997年に共訳『うつ病の対人関係療法』を出版して以来、日本における対人関係療法の第一人者として臨床に応用するとともに、その普及啓発に努めている。現在は対人関係療法専門クリニック院長、慶應義塾大学医学部非常勤講師（精神神経科）、対人関係療法研究会代表世話人。主な著書に『自分でできる対人関係療法』『トラウマの現実に向き合う』『拒食症・過食症を対人関係療法で治す』『怖れを手放す』『女子の人間関係』『自己肯定感、持っていますか？』『「毒親」の正体』などがある。

ホームページ
http://www.hirokom.org

夫婦・パートナー関係も
それでいい。

2019年12月10日　第1版第1刷発行

著　者　細川貂々（てんてん企画）&水島広子
発行者　矢部敬一
発行所　株式会社 創元社
https://www.sogensha.co.jp/
本社　〒541-0047
大阪市中央区淡路町4-3-6
Tel. 06-6231-9010
Fax. 06-6233-3111
東京支店　〒101-0051
東京都千代田区神田神保町
1-2　田辺ビル
Tel. 03-6811-0662
印刷所　図書印刷 株式会社

ISBN978-4-422-93083-1　C0095